普通高等教育"十四五"系列教材

港航工程环境概论

主 编 刘 倩

参 编 高俊亮 梅 欢 吴祥柏 朱仁庆

中国水利水电出版社

www.waterpub.com.cn

·北京·

内 容 提 要

本书对港航工程环境涉及的专业知识作了系统介绍，重点描述了风、海浪、内波、海啸、风暴潮、潮汐、海冰的运动特征和规律以及它们对海洋工程结构物的影响；全面介绍了海洋生态与海洋环境保护相关问题；同时介绍了海岸带、海底特征、海洋沉积、海洋腐蚀与防护等相关方面的知识；此外，本书还依据最新的相关资料，介绍了海洋科学研究、海洋技术、海洋环境保护的发展特点以及海洋环境保护的基本原则和法规等内容。

本书涉及港航工程环境知识，内容广泛、资料新颖。本书适合作为高等院校港口航道与海岸工程专业、船舶与海洋工程专业及相关专业的教材或参考书，同时对从事海洋工程与海洋资源开发、海洋环境保护以及航海与港航管理等工作的人员也有一定参考价值。

图书在版编目（CIP）数据

港航工程环境概论 / 刘倩主编. -- 北京 ：中国水
利水电出版社，2023.9
普通高等教育"十四五"系列教材
ISBN 978-7-5226-1767-1

Ⅰ．①港… Ⅱ．①刘… Ⅲ．①港口工程－环境影响－
高等学校－教材②航道工程－环境影响－高等学校－教材
Ⅳ．①U65②U61

中国国家版本馆CIP数据核字（2023）第164540号

书　　名	普通高等教育"十四五"系列教材 **港航工程环境概论** GANGHANG GONGCHENG HUANJING GAILUN	
作　　者	主编　刘　倩 参编　高俊亮　梅　欢　吴祥柏　朱仁庆	
出版发行	中国水利水电出版社 （北京市海淀区玉渊潭南路1号D座　100038） 网址：www.waterpub.com.cn E-mail：sales@mwr.gov.cn 电话：(010) 68545888（营销中心）	
经　　售	北京科水图书销售有限公司 电话：(010) 68545874、63202643 全国各地新华书店和相关出版物销售网点	
排　　版	中国水利水电出版社微机排版中心	
印　　刷	清淞永业（天津）印刷有限公司	
规　　格	184mm×260mm　16开本　8印张　195千字	
版　　次	2023年9月第1版　2023年9月第1次印刷	
印　　数	0001—2000册	
定　　价	**30.00元**	

前　言

　　海洋占地球表面积的 70.8%，水域面积达 361254000km²，海洋与人类的命运和社会发展息息相关。21世纪是海洋科学与技术飞速发展的世纪，为了解决日益突出的"人口、资源、环境"相关问题，我国已把开发海洋资源、发展海洋经济作为国家的发展战略目标。建设海洋强国是中国特色社会主义事业的重要组成部分。为应对国内国际各种风险挑战、把握发展机遇，党的十八大作出了建设海洋强国的重大部署。实施这一重大部署，对推动经济持续健康发展，对维护国家主权、安全、发展利益，对实现全面建成小康社会目标、进而实现中华民族伟大复兴都具有重大而深远的意义。党的十九大进一步强调，坚持陆海统筹，加快建设海洋强国。党的二十大报告也作出"发展海洋经济，保护海洋生态环境，加快建设海洋强国"的战略部署，将海洋强国建设作为推动中国式现代化的有机组成和重要任务，这是党的十八大以来，以习近平同志为核心的党中央统揽全局、承前启后，第三次在全党代表大会上对海洋强国建设作出的明确战略部署。深入贯彻党的二十大精神，以习近平总书记关于建设海洋强国的系列重要论述精神为根本指引，把握战略机遇、应对问题挑战，以务实行动强化海洋保护、海洋利用、海洋治理，推动海洋强国建设不断取得新成就，为全面建成社会主义现代化强国、实现中华民族伟大复兴的中国梦提供有力支撑。要完成建设海洋强国这个重大战略任务，必须下大力气发展海洋科学与技术。海洋科技和装备是"国之大器"，是沿海国家综合实力的重要组成部分。党的十八大以来，我国大力支持海洋新兴产业的发展，不断增强海洋资源开发能力，努力建设世界一流港口，海洋经济既促进了中国经济的发展，也推动着中国经济由高速发展向高质量发展转变。

　　无论是海洋油气与矿产资源、海洋生物与海水资源，还是海洋运输与空间的开发利用，皆依赖于海洋工程的发展。海洋工程结构复杂、体积庞大、造价昂贵，在建造与使用过程中一直遭受海浪、海流、潮汐、风暴潮、风的作用，有些地区还会受到海冰、地震、海啸等恶劣条件的影响。深入了解海洋工程环境条件的发生和发展规律，为海洋工程提供规划、设计、施工、营运等方面的客观数据，是保证结构安全、降低成本、高效营运的重要前提。

"港航工程环境概论"是港口航道与海岸工程专业的海洋工程课程群中一门重要的专业课之一。开设本课程的目的是为拓宽港口航道及海岸工程专业学生的专业结构，使学生对海洋工程环境问题有一个比较全面的了解并掌握各种海洋工程环境对海洋工程的影响。

本书在编写过程中参考并引用了大量的文献资料，在此向这些作者表示衷心的感谢。本书的内容规划布局是在四位参编老师高俊亮、梅欢、吴祥柏、朱仁庆的帮助下确定的，其他还有许多专家学者给编者提供了相关资料和有益的建议，在此一并表示衷心的感谢。本书由刘倩统稿、定稿。

本书的出版得到江苏科技大学教材建设立项支持，特此致谢。对支持本书编写的江苏科技大学船舶与海洋工程学院表示衷心的感谢。

限于编者水平，书中难免会有一些错误和论述不当之处，敬请广大读者批评指正。

编者

2023 年 6 月

目 录

第1章 绪 论

1.1 海洋工程与海洋工程环境

1.1.1 海洋工程

海洋工程（ocean engineering）是基于科学的原理和工程技术方法对海洋及海洋资源进行研究、开发、利用和保护的一项海上工程活动。

海洋工程的含义总是随着海洋科学技术的进步和海洋的开发利用以及海洋经济的发展而在不断地拓展延伸，它经历了海岸到近海再到深海的发展过程，因而海洋工程可分为海岸工程、近海工程和深海工程三类。

海岸工程主要包括海岸防护工程、围海工程、海港工程、河口治理工程、海上疏浚工程、沿海渔业设施工程、环境保护设施工程、盐田、海水淡化、海水娱乐及运动、景观开发工程、海上堤坝工程、海上和海底物资储藏设施、跨海桥梁、海底隧道工程等。

近海工程主要包括大陆架较浅水域的海上平台、人工岛等的建设，海底管道、海底电（光）缆工程，海洋矿产资源勘探开发及其附属工程，大陆架较深水域的建设工程。

深海工程包括无人深潜的潜水器和遥控的海底采矿设施等建设工程。

在现阶段，众所周知的海洋工程包括海洋能的开发利用、船舶工程、海港工程、海岸保护及侵蚀防治、港区疏浚及疏浚物处理、海洋环境监测与海洋环境保护、海底管道埋设等领域。

随着海洋高新技术的进步与应用，海洋工程又被赋予了深海采矿（deep sea mining）、海洋经济生物养殖、海水淡化（seawater desalination）及海水综合利用（seawater comprehensive utilization）、海洋水下工程、海洋空间开发等新的内容。海洋工程反映的是现代科学技术在海洋领域的综合开发利用，对它的认识随着社会科学技术的发展与进步而发展。

1.1.2 海洋工程环境

与陆上建筑物相比，海洋工程结构所处的环境更加恶劣。准确预测海上物理环境条件的强度、出现的概率及其诱发的荷载，对海洋建筑物的安全至关重要。海洋建筑物的安全性和经济性虽是海洋工程设计中彼此矛盾的两个方面，基于工程可靠度设计理论，二者可以实现和谐的统一。其中对海洋环境条件荷载以及某一结构物的抵抗外荷载的能力进行准确的概率分析是解决问题的关键。

海洋工程环境学的研究内容广泛，涉及物理海洋、海洋物理、海洋化学、海洋生物、海洋地质、大气科学、水文科学等各门学科，是一门交叉性与综合性很强的学科。它的研究对象不仅仅是海洋，也涉及大气以及地球、月球与太阳等天体运动的相关知识。

海洋工程环境主要内容包括：①海洋工程物理环境，如风、浪、潮汐、海流、风暴潮、温度、海啸、内波等；②海洋工程地质地貌环境，如泥沙输移、海岸演变、地震、水下塌落与滑坡等；③海洋工程化学环境，如海水成分；④海洋工程生态环境，如海洋生物等。

海洋工程物理环境中的风、浪、流、潮汐等是影响海洋工程建筑物的主要环境动力因素，本书将着重讨论风、浪、流、潮汐的特点及其对海洋建筑物的作用等，这样才能为海洋结构的优化提出客观合理的环境条件设计参数。

1.2 海洋的基本特性

海洋是生命的摇篮，是支撑地球宜居性的关键空间，是地球系统科学发展的重要引擎。海洋孕育了地球上最大的生态系统，具有巨大的服务功能和价值，认识蓝色生命系统过程与规律、合理开发和保护蓝色生物资源是支撑人类社会可持续发展的重大战略需求。

海洋每年为全人类提供的服务和价值约为 3 万亿美元，占全球 GDP 的 5% 左右；超过 26 亿人以海洋作为主要的蛋白质来源；海洋中的光合作用和其他生物固碳过程吸收约 30% 人类活动产生的 CO_2，缓冲着全球暖化的影响。海洋是一个巨大的热容器，比热容是空气的 4 倍（比热容又称比热容量，是单位质量物体改变单位温度时，吸收或放出的热量）。体积庞大的海水能够吸收大量的热量，并向深海传递，所以海洋是维持整个地球能量平衡的一个核心，海洋是地球的恒温器。事实上，海洋吸收了温室效应产生热量的 93%。目前海洋每年吸收的热量相当于中国全年发电量的 500 倍，这是个巨大的量值。除了比热容大，海洋另一个重要的作用还体现在碳汇上（海洋碳汇指海洋通过物理、化学、生物过程吸收大气 CO_2 并储存在海洋的量）。做一个粗略的计算，过去 200 年，人类通过烧煤、烧油、烧气等化石燃料，向大气排放的总 CO_2 量达到 16000 亿 t。如果没有海洋的碳汇功能，这 16000 亿 t 的 CO_2 都将存留在大气中，将进一步产生不可控的温室效应。

然而，在全球变暖和人类活动的双重影响下，海水增温、缺氧、酸化、过量营养盐输入以及重金属、持久性有机物和微塑料等环境污染物排放增加等问题给海洋生态系统造成前所未有的威胁，地球气候系统正在急速变化，环境和生态系统正在迅速退化。海洋里面也存在着类似于陆地上的热浪，这样的热浪导致了珊瑚白化等负面效应（珊瑚白化指珊瑚体内的共生海藻离开或死亡，导致珊瑚变白，最终珊瑚也会因失去营养供应而死亡）。2013 年至今，全球的珊瑚礁面积减少了 15%，这些数据意味着五彩缤纷的水下森林正逐渐离我们远去。

因此，认识海洋、经略海洋关系到人类社会的兴衰。然而到目前为止，广袤深邃的海洋只有 5% 的区域被人类探索。未知的海洋蕴藏着无尽的资源，是重大科学发现和颠覆性技术创新的摇篮。

1.2.1 海洋划分

海洋是覆盖在地球表面的连续的咸水水体的总称，一望无际的海洋面积广阔，海洋是地球的主体，海洋面积约占地球表面积的 70.8%，海洋的面积约为陆地的 2.5 倍，水量约占地球总水量的 97.2%。海洋和陆地在地球表面的分布很不均匀，全球陆地面积的

67.5%集中在北半球，而世界海洋面积约57%集中在南半球，因而有人把北半球称为陆半球，把南半球称为水半球。地球上的海洋是相互连通的，构成统一的世界大洋；而陆地是相互分离的，故没有统一的世界大陆。在地球表面，是海洋包围、分割所有的陆地，而不是陆地分割海洋。即使在陆半球，海洋面积仍然大于陆地面积。陆半球的特点，不在于它的陆地面积大于海洋，而在于它的陆地面积超过另外一个地球半球的陆地面积；水半球的特点，也不在于它的海洋面积大于陆地，而在于它的海洋面积比例在地球分成的半球中最高。

海洋的尺度变化范围很大，海洋不仅宽阔而且深邃，基于 D. Sandwell 提供的地球高程以及海洋测深数据，海洋的平均深度达 3734m，远大于陆地的平均高度 743m，海洋最深处的马里亚纳海沟（Mariana Trench）深达 11034m，而陆地最高峰珠穆朗玛峰（Mount Everest）的高程数据是 8848.86m（图 1.1）。不过，海洋的深度若与其水平尺度相比又显得那么微小，两者的比值约为 10^{-3}，即海洋盆地的水平尺度是垂直尺度的 1000倍。太平洋的尺度模型与纸张的尺寸相似，当宽度 1000km 缩小至 25cm 时，深度 3km 将缩小至 0.08mm，仅为一张纸的厚度。所以在很多情况下研究海洋时，又可以近似地把它当作二维问题来计算处理。

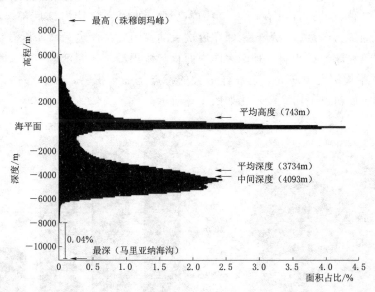

图 1.1　海平面以上和以下地球表面面积占地球总面积的百分比（以 100m 为间隔）

海洋可划分为洋（ocean 大洋）、海（sea）、海湾（gulf/bay）及海峡（strait/channel），其划分的依据是各自的海洋要素特点、海底地貌及形态特征。

洋是海洋的中心部分，是海洋的主体。世界大洋的总面积约占海洋面积的 89%，水深深度一般大于 3000m，呈现既深又宽广的特点。由于离大陆较远，海洋水文要素不受大陆影响，所以大洋水色高，透明度大，表面盐度平均值约为 35%，各洋要素的年际变化也小。洋的海底沉积物多为钙质软泥、硅质软泥和红黏土等海相沉积。受天体引力作用，大洋具有独立的潮汐系统，形成强大的洋流系统。

世界大洋依惯例可划分为太平洋（Pacific Ocean）、大西洋（Atlantic Ocean）、印度洋（Indian Ocean）和北冰洋（Arctic Ocean）四个部分，它们具有不同的海洋要素特点及地理地貌特征。其中，太平洋是世界上最大、最深、边缘海和岛屿最多的大洋。它位于亚洲、大洋洲、南极洲和南北美洲之间，从南极洲向北延伸到白令海峡，北有白令海峡与北冰洋相通，东有巴拿马运河、麦哲伦海峡、德雷克海峡沟通大西洋，西经马六甲海峡、巽他海峡和龙目海峡，西南印度洋海丘、托莱斯海峡、帝汶海等沟通印度洋。南北最长约1.59万km，东西最宽约1.99万km，总面积为18134.4万km²，占地球总面积的35%，占世界海洋面积的49.8%，其平均深度3940m，最深处在太平洋西部的马里亚纳海沟，深达11034m，也是世界海洋的最深点。16世纪上半叶，麦哲伦及其船队进入这片海域时，为了庆祝他们经历恶劣海况之后遇到的好天气，他们将此大洋命名为"太平洋"。

大西洋是世界第二大洋，从南极洲向北延伸，包括欧洲的地中海和美洲的加勒比海，总面积约为9166万km²，比太平洋面积的一半稍多一点，深度浅于太平洋，平均深度3575m。大西洋海洋资源丰富，盛产鱼类。大西洋名字是根据古希腊神话中的阿特拉斯命名的。

印度洋是世界第三大洋，从南极洲延伸到亚洲次大陆的印度洋包括红海和波斯湾，面积约为7617万km²，其面积略小于大西洋，平均深度3840m，仅次于太平洋，位居四大洋海洋深度第二位，其最深处在阿米兰特群岛西侧的阿米兰特海沟底部，深达9074m。海洋资源以石油最为丰富。因为它紧邻印度次大陆，因此被命名为"印度洋"。

北冰洋位于地球的最北端，是四大洋中面积与体积最小、深度最浅的大洋，面积约为1479万km²，平均深度1296m。北冰洋最大的特点是终年积雪，极其寒冷，常有冰山漂浮。四大洋相对面积及平均深度对比如图1.2所示。

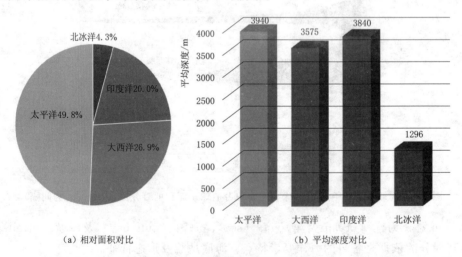

（a）相对面积对比　　　　　　　　　（b）平均深度对比

图 1.2　四大洋相对面积及平均深度对比

海与海湾、海峡是海洋的附属组成部分。海在洋的边缘，海的面积约占海洋的11%，是由大陆、岛屿与其他海域隔开的水域。海的深度较浅，一般小于3000m，由于其紧靠大陆，海洋水文要素受大陆的影响大，存在明显的季节变化，大陆物质造成海的水色低、透明度小。海由于面积小而使得受到的月球引潮力等的影响小，因而难以形成自己独立的潮汐与潮波系统，由外海大洋传入的潮波占据了毗邻海潮波的主要地位。海的潮汐涨落显著，潮差比大洋大，潮流有自己的环流形式。海底沉积物多为陆生的砂、泥沙等。海可根据其地形特征等划分为陆间海（intercontinental sea）、内海（inland sea）和边缘海（marginal sea）。陆间海与内海一般都只有狭窄的水道与大洋相通，其物理性质与化学成分与大洋有明显的差别。内海指伸入大陆内部的海，面积较小，水文特征受到周围大陆的强烈影响，如渤海与波罗的海。位于大陆边缘的边缘海与大洋敞开相通，如我国的东海、南海等。海洋部分延伸进入大陆就会形成海湾，其地形特征是深度和宽度在逐渐减小。海湾中常会出现最大潮差，如杭州湾钱塘潮的最大潮差达 8.9m，世界最大的潮差出现在北美芬地湾，达 19m。海峡是两端与海洋都相通的狭窄水道，其海流速度大，特别是潮流速度大，如我国的渤海海峡、琼州海峡与台湾海峡等。

1.2.2 海水的物理性质

1.2.2.1 海水的分子特征

海洋有许多独特特征，其归因于海水本身的性质。水分子由两个带正电的氢离子和一个带负电的氧离子组成，是一种具有正电荷和负电荷的极性分子。该分子极性的特征导致水具有较高的介电常数（承受或平衡电场的能力）。水能够溶解许多物质，因为极性水分子会相互连接庇护每个离子，阻止该离子重新结合。海洋的盐度特征源于其中溶解的大量离子。

水分子的极性性质导致它会形成类似聚合物的长链（由不超过 8 个分子构成）。长链中，约 90% 为水分子。产生这些长链需要消耗能量，这与水的热容有关。在所有液体中（除氨水外），水的热容最高。正是由于水的高热容特征，海洋在全球气候系统中才会如此重要。不同于陆地与大气，海洋中储存了大量来自于太阳辐射的热能。洋流携带着这些热能输入或输出至各地。约 90% 与全球气候变化相关的由人类活动所产生的热能都储存在海洋中，这正是因为海水是个有效的储热器。

随着海水被加热，水分子活性增大，并产生热膨胀，导致海水密度降低。在淡水中，当温度从 0℃ 升至 4℃ 左右时，增加的热能促使分子链形成，分子链的形成排列会导致水体积的收缩与其密度的增加。温度增至 4℃ 以上时，分子链断裂，热膨胀取而代之。这就是为何淡水在 4℃ 左右时的密度最高，而不是在 0℃ 时最高。在海水中，这些分子效应与盐分作用一起，抑制了分子链的形成。海洋中的正常盐度范围内，海水的最高密度出现在冰点，这一冰点的温度远低于 0℃。

水具有很高的蒸发热（或汽化热）和很高的熔化热。汽化热是将水从液态转化为气态所需的能量；熔化热是指将水从固态转化为液态所需的能量。这些能量的量值与气候息息相关；海洋中的液态水转化为大气中的水蒸气，而在极地纬度又会凝固成冰。这些状态转化中所涉及的热能是天气和全球气候系统中的一个因素。水的链状分子结构同时也形成了它的高表面张力。该分子链存在抗剪切性，使水具有相较于其原子质量较大的黏度。这种高黏度特征使表面毛细波得以形成，波长数量级为厘米；这些波的恢复力包括表面张力和重力。虽然尺度很小，但毛细波仍是决定风与海水之间摩擦应力的一项重要因素。这一应力会产生更大的波浪，并推动海洋表层的摩擦驱动环流。

1.2.2.2 海水的温度

海水最重要的物理性质之一就是温度。温度是需要测量的首要海洋参数之一，并一直受到人们的广泛关注。在大部分海洋中，温度是海水密度最主要的决定因素；而在有大量降水的高纬度地区和海水结冰过程中，盐度则是一个最重要的影响因素。在中纬度上层海域（从海面到海面以下 500m），温度是决定声速的主要参数。

温度是流体的一种热力学性质，代表着流体中分子和原子的活性和能量。能量或热量含量越高，温度越高。热量和温度通过比热容相互关联。海洋学中的温度（T）通常采用摄氏度（℃）表示。计算热含量时除外，此时的温度应采用开氏度（K）表示。当热含量为零时（无分子活性），温度用开氏度表示为绝对零度（气象学通常使用开氏度，天气预报除外，因为大气温度的数值在平流层及以上会降至极低）。

海水具有可压缩性，压强增大会导致海水产生轻微压缩。如果海水在此过程中并未与其周围的海水发生热量交换（绝热压缩），海水的温度将会增加。相反，如将海水水团从高压区移向低压区，海水水团将发生膨胀，其温度会下降。这些温度变化与海面和海底的热源无关。通常，人们会比较处于不同压强下两个海水水团的温度。位温的定义是，在绝热条件下将某一海水水团移动至存在不同压强的另一位置时该水团的温度。当海水深度改变时，应考虑这一影响。海洋学研究的通常惯例是将位温与海面联系起来。就海面温度对位温进行定义，位温总是低于实际测得的温度，并且只等于海面的温度。

1.2.2.3 海水的盐度

海水是一种含有大部分已知元素的复杂溶液。一些成分在海水溶解物总质量中含量较高，如氯离子（55.0%）、硫酸根离子（7.7%）、钠离子（30.7%）、镁离子（3.6%）、钙离子（1.2%）和钾离子（1.1%）等。不同地方海水溶解物的总浓度各不相同，含量较高成分的比例则几乎不变。海水中盐分的主要来源是河川径流挟带的大陆风化物质。几百万年间，风化作用十分缓慢，因此溶解元素在海水混合的作用下，在海洋中分布得十分均匀。海水在海洋中循环一次的总时长最多为几千年，比地质风化的时长要短得多。然而，不同地区海洋中的溶解盐类的总浓度仍然存在显著差异。造成这些差异的原因是海水蒸发及来自雨水和河流径流的淡水对海水的稀释。蒸发和稀释过程通常仅发生于海面。

盐度（绝对盐度）最初被定义为每千克海水经过蒸发后留下的固体物质量（单位：g）。例如，海水的平均盐度约为每千克海水中含 35g 盐类（单位：g/kg），表示为"$S=35‰$"或 $S=$ "35ppt"，读作"千分之三十五"。因为蒸发测量流程烦琐，这一定义很快在实践中被淘汰了。19 世纪末，Forch、Knudsen 和 Sorensen 引入了一种基于化学的定义：盐度是 1kg 海水中包含的固体物质的总量（单位：g），此时所有的碳酸盐都转化为氧化物，溴和碘都由氯取代，且所有有机物质都已被完全氧化。

对盐度的这一化学定义同样在程序操作上存在一定的难度。20 世纪大部分研究人员采用的方法是：通过硝酸银滴定法测定氯离子的含量，表示为氯度，然后通过基于氯度与总溶解物质的测得比，计算盐度。20 世纪 60 年代早期测定了盐度和氯度之间的关系：盐度＝1.80655×氯度。这些基于化学分析法对盐度进行的定义，后来被基于海水电导性的盐度定义所取代，海水的电导性取决于盐度和温度。将这种基于电导性的量称为实用盐度，有时采用符号 psu 作为实用盐度单位，尽管国际惯例中通常对盐度不采用任何单位。目前盐度常被表示为 $S=35.00$ 或 $S=35.00$psu。现广泛采用该算法，通过海水电导性与温度计算盐度，并将其称为 1978 年实用盐标（PSS 78）。20 世纪 30 年代首次引入电导性方法，电导性很大程度上取决于温度，但仍有小部分取决于离子浓度或盐度。因此，通过测量电导性来确定实用盐度时，必须对温度进行严格的控制和非常准确的测量。电路和传感器系统的日益改进，确保研究人员能对温度进行精确补偿，使基于盐度测量的电导性测量变得更加可行。

要想使盐度测量比较准确，要求使用盐度和电导性准确的标准海水溶液。目前，海水样本的实用盐度（S_P）是通过样本在 15℃ 和标准大气压强下的电导性与相同温度和压强下质量分数为 32.4356×10^{-3} 的氯化钾溶液的电导性比值来表示。作为标准溶液的氯化钾溶液，目前是在英国的一家实验室配制的。PSS 78 对 $S = 2 \sim 42$，$T = -2.0 \sim 35.0$℃ 和压强等同于 $0 \sim 10000m$ 深度处的压强范围内有效。如果温度的测量十分准确，且使用了标准海水进行校准，则通过电导性测定的盐度的准确度为 ± 0.001。相较于过去使用的滴定法（准确度约为 ± 0.02），这在准确度上有了极大的提高。在归档的数据集中，精确到小数点后三位的盐度，是通过电导性测得的，精确到小数点后两位的盐度是通过滴定法测得的，通常早于 1960 年。

20 世纪 60 年代，导电传感器与精确热敏电阻的结合使人们能收集到海水中盐度连续剖面的资料。由于用于这些仪器的导电传感器的几何结构随着压强和温度变化而发生变化，所以对同一时间收集的海水样本进行的标定，要求达到的最高可能准确度为 0.001。盐度的概念假设可忽视海水组成的变化。然而，在英格兰，对纯水氯度、密度和取自全球海洋的海水样本电导性进行的研究表明，海水的离子组成在不同地域和不同深度（海表与深海）存在着微小差异。研究发现，密度和电导性之间的关系，比密度和氯度之间的关系更紧密。这意味着一种离子相对于另一种离子的比例可能发生变化。这表明即使化学组成可能发生变化，只要溶解物的总质量不变，电导性和密度将保持不变。

1.2.2.4 海水的密度

海水密度十分重要，因为它决定了海水处于平衡状态的深度，海水在海面时密度最低，在海底时密度最高。密度分布同样与海洋中大尺度的地转或热盐环流有关。密度相同的海水之间的混合最为高效，因为发生于混合之前的绝热搅拌能保存位温和盐度，最终使密度也得以保存。分层海水之间的混合需要更多能量。

密度通常用 ρ 表示，是指单位体积物质的质量，单位为 kg/m^3。一个与之直接相关的物理量为比容偏差，通常用 α 表示，且 $\alpha = 1/\rho$。大气压强下 0℃ 纯水（不含盐）的密度为 $1000kg/m^3$。在开阔大洋中，海水密度约为 1021（海面）$\sim 1070kg/m^3$（压强为 10000 dbar 处）。

海水密度、温度、盐度及压强之间的关系就是海水的状态方程式。该状态方程式表示为

$$\rho(S, T, p) = \rho(S, T, 0)/[1 - p/K(S, T, p)] \qquad (1.1)$$

式中：S 为盐度；T 为温度，℃；p 为压强，Pa。

式（1.1）是在大气压强下通过精细实验室测量实验确定的。状态方程式 $\rho(S, T, 0)$ 和体积模量 $K(S, T, p)$ 的多项式表达式各包含 15 项和 27 项。压强通过体积模量产生影响。最大项为 S、T 和 p 呈线性的项，并具有与它们的所有不同结果成正比的较小项。因此，状态方程式呈弱非线性。

在海洋中的全部盐度和温度范围内，海面压强下测得的密度值如图 1.3 所示（弯曲的等高线）。图中的阴影条显示大部分海洋处于相对较窄的盐度范围内。更多极端值仅出现或靠近海面的位置处，而淡水则不在这一范围内（主要在径流或融冰区域），盐度最高值位于高蒸发量的相对受限区域（如陆缘海）。海洋的温度变化对海水密度变化的影响大于盐度变化对密度的影响程度。换句话说，温度在极大程度上控制了海水的密度变化（如前所述，一个重要的例外是，海洋表面的海水会由于大量降水或冰雪融化而导致盐度较低，即在高纬度地区和处于多雨的大气热带辐合区的热带海域是例外）。密度等高线的弯曲状况如图 1.3 所示，这是由状态方程式的非线性造成的。弯曲意味着在指定温度或盐度变化下，密度的变化会有所不同。

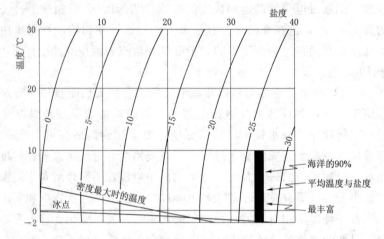

图 1.3　海水的密度值 σ_t（曲线）以及海水最高密度和冰点处（大气压强下密度值）与温度和盐度关系（全密度 ρ 为 $1000 + \sigma_t$，单位为 kg/m^3）

海水具有压缩性，尽管其压缩性不如气体。当海水受到压缩时，分子相互挤压，海水密度增加。同时，由于一种完全不同的物理原因，绝热压缩会导致温度增加，这稍稍抵消了由于压缩造成的密度增加。从本质上来说，密度与压强呈函数关系，因为海水具有压缩性。压强对密度的影响与海水的初始温度和盐度无关。为观测从一处位置流向另一处位置的海水，应消除压强对密度的影响。早期，人们试着使用前文定义过的 σ_t，因为已经消除了压强对密度的影响，但并没有消除温度的影响。目前，标准惯例是使用位密度，即计算密度时，采用位温而非温度。位密度是海水在绝热条件下移动至某一参考压强处时的密度。如果参考压强处是海表面，将首先计算出该处海水水团相对于海面处压强的位温，然后推算出压强为 0dbar 时的密度。将以海表面压强（0dbar）为基准的位密度表示为 σ，其采用了位温和海面压强。

1.2.3　海洋的复杂运动

海洋是个复杂的系统，存在多样性与复杂性。海洋的组成主体是海水，四周被海底边界、海岸边界及海表面边界所包围，众多的海洋生物生活在其中。通过这些边界作用，海洋与大气、大陆的物质和能量得以相互循环与交换转化，使得地球系统中的水圈、岩石圈、大气圈和生物圈之间相互建立起一定的联系，发生物理、化学、生物过程，相互依存，相互影响，呈现出立体化整体形态，对人类活动产生影响，因此，要求多学科交叉研究和全球合作研究。

除通过相互间的接触界面发生作用外，海洋还受到其他星球天体引力的直接作用，使得海洋产生复杂的潮汐现象，并随着各天体的相对空间位置变化而产生各种周期性变化规律。因而对海洋的研究不仅在于海洋自身的运动和变化，还需要结合大气、陆地及天体运动共同开展研究。

太阳辐射是地球的能量来源，并影响着地球气候的形成。海洋和大气之间不断进行着海水和能量之间的交换。占地球表面大部分的海洋吸收了辐射到地球上太阳能的 4/5，海洋本身热量的收入与支出总是处于与大气的动态平衡中，有机地调节着大气的温度，影响着地球气候的形成和变化。海水的热容量在物质世界名列前茅，比所有固体和其他液体的热容量都大，与空气相比约是其 3100 倍，那就意味着把 $1cm^3$ 的海水温度升高 1℃时所需要的热量可使约 $3100cm^3$ 的空气升温 1℃，这就使得太阳的辐射变化不能立即改变海水的温度，而使大气温度相对易受太阳辐射的影响而发生激烈变化。

海洋在得到热量时就慢慢将之储存起来，在失去能量时就将之慢慢释放出去，海洋起着热能缓冲器作用，调节着地球的大气气候。由于所处纬度不同，各海域得到的太阳辐射热量不同，造成各处的海水温度不同。这表现在低纬度海域的海水温度高，越往两极则温度越低。温度较高的海水除上下垂直方向的热量交换传递外，水平方向则借助海流输送到较高纬度的海区，然后也通过蒸发潜热和感热交换等方式释放给大气，海流也对气候起着调节作用。一般暖流经过的海区气候温暖及多雨水，寒流经过的海区则气候寒冷及雨水缺少。全球性的大气环流和海洋环流在改变地球气候方面起着积极的作用。

所以说海洋是全球气候的调节器，气候变化与海洋的关系十分密切，海洋是地球环境的重要组成部分。

海水是一种流体，永远处于不停的运动之中，海水运动使海洋中的物质、能量的循环有较高的速率。海水受到的作用力既有其本身重力，也有通过边界作用的，如海面风应力、地表摩擦力，还有不通过边界作用而受到的其他天体的引力。此外，大规模的海水运动还要受到地球自转产生的地转惯性力的作用。在这些多方面作用力的共同作用下，海水总是处于不断的运动之中，时而波涛汹涌，时而潮起潮落，呈现多种自然景象，波浪、潮汐、海流等是其主要运动方式。运动成了海洋的最基本特征。

海水除水平方向运动外，还存在诸如上升流、下降流的垂直方向运动。海水的垂直混合随时随地都在发生，尤其是在海洋的上表层，因为受到海气界面的强烈海洋动力与热力的作用，它的混合最为强烈，其效应是使海洋上表层中诸多水文要素如温度、盐度和密度等的分布特征趋于均匀一致，导致上下海洋水体间发生垂向层化现象。

1.3　中国沿岸近海海域特点

海洋与陆地之交的近岸海域，是人类开发利用程度最高和活动最频繁的区域，具有特殊性和重要性。中国大陆位于欧亚大陆东南部，东南两面濒临辽阔的海洋，近海毗邻太平洋，处于环太平洋经济圈，地理位置优越，海上交通便利。

中国东南两面临海，有广阔的海域和漫长的海岸线。中国近海毗邻中国大陆的东部和南部，海域包括渤海、黄海、东海和南海，海域面积达 338 万 km^2，海岸线北起中朝交界的鸭绿江，经辽宁、河北、天津、山东、江苏、上海、浙江、福建、广东、广西等省（自治区、直辖市），直达中越交界的北仑河口，全长超 18000km，沿海拥有大小岛屿 6500 多个，其中最大的是台湾岛。岛屿岸线总长超 14000km。在这些岛屿中，大岛可以设港泊船，小岛可以设标指航，可在海洋交通中发挥重大作用，依据《联合国海洋法公约》的"岛屿制度"规定，岛屿与大陆领土一样可以平等地拥有领海、专属经济区和大陆架等海域，因此岛屿还起着陆海相连、捍卫海洋国土的作用。岛屿及其周围海域具有渔业、旅游、港址及海洋可再生能源等资源，资源潜力较大。

渤海古称沧海，是中国的内海，位于北纬 $37°11'\sim41°$、东经 $117°30\sim122°20'$，海面面积约 77000km^2，平均水深为 26m。海面被辽东半岛和山东半岛呈拱形包围着。渤海由北部的辽东湾、西部的渤海湾、南部的莱州湾以及中部的中央盆地四部分组成，东以辽宁老铁山西角经庙岛至山东蓬莱角连线与黄海为界。

黄海位于中国大陆和朝鲜半岛之间，呈反 S 形，是三面被中国、朝鲜、韩国陆地包围的半封闭型陆架浅海。除东部海域之外，其他海域因受黄河、长江等大陆河影响，海水含沙量高，常呈浅黄色，故名"黄海"。它位于北纬 $31°40'\sim39°50'$、东经 $119°20'\sim126°50'$ 之间，南以长江口北角到朝鲜济州岛西南端连线与东海为界，面积约为 38 万 km^2，平均水深为 44m。黄海北部有古黄河水下三角洲，其前缘为 29m 等深线。在长江口外稍北的地方有长江水下浅滩，长约 100km，最深处在济州岛北面，深约 140m。黄海海底地形比较平坦，梯度不大，等深线大致平行于海岸线。

东海是中国东部的大型边缘海，位于北纬 $23°\sim33°10'$、东经 $117°11'\sim131°$ 之间，南以福建、广东省界经东山岛南端至台湾省南端猫鼻头连线与南海为界，北以长江口北角与黄海为界，面积约 77 万 km^2，平均水深为 374m。东海大陆架十分发育，面积约占整个海域面积的 2/3，最深处达 2719m。因受长江淡水影响，渔业发达，素有"天然鱼仓"之称。注入东海的河流主要有长江、钱塘江、瓯江、椒江、闽江、九龙江及晋江。

南海是东亚大陆最南的一个边缘海，位于菲律宾群岛、加里曼丹岛、中南半岛和中国大陆之间，海域面积约 350 万 km^2，是我国最大的边缘海。南海海域广阔，岛屿众多，其中包括中国第二大岛海南岛及东沙、西沙、中沙、南沙诸群岛。平均水深为 1212m，其最深处在西沙与南沙之间，深达 5567m。南海位居热带，海水蒸发量大，盐度高，适于造礁珊瑚繁殖。

根据《联合国海洋法公约》，中国拥有 300 万 km^2 左右的国家管理海域，即通常人们所说的 300 万 km^2 海洋国土，占到中国陆地国土面积近 1/3。中国沿海海域辽阔，近海及其管辖海域的海洋资源丰富，蕴藏着丰富的油气资源、矿产资源、海洋生物资源、海洋可再生能源、滨海旅游资源及海洋空间资源等，开发利用潜力巨大。开发、利用和保护好中国海洋国土具有十分重要的现实意义和深远的历史意义。

中国近海属于东亚季风气候带，东亚冬季风由西伯利亚侵入中国，由北向南推进，经渤海、黄海直到南海，东亚夏季风从南海向北一直影响到黄海、渤海。中国近海大抵可分四个气候区：渤海、黄海为暖温带季风气候区，东海为亚热带季风气候区，南海大部分海域为热带季风气候区，北纬 10°以南的南海属赤道季风气候。全年平均风速从北至南呈增大趋势，且近岸小于洋面，冬季盛行偏北风，夏季盛行偏南风，对应的在冬季盛行偏北浪，在夏季盛行偏南浪，波浪自北向南随风速的增强而增大。风速等值线分布明显呈沿海岸线走向的趋势，风速从海洋向内陆递减，夏季多遭受台风和风暴潮的袭击，冬季受寒潮大风等袭击，在海区内产生狂风、大浪、暴雨、低温等灾害性天气。

中国近海东侧还受到来自北太平洋的强大黑潮暖流及其分支流的影响，具有高温、高盐的水文分布特点。黑潮是北太平洋副热带环流的西部边界流，源于中国台湾省东南和巴士海峡以东海域，海水呈深蓝色，远看似黑色，因而得名。近海潮波由太平洋传入，自身由月、日引潮力产生的独立潮波很小。各海区的潮汐性质分布不同，存在半日潮、全日潮及混合潮，其中南海北部湾是世界典型的正规全日潮海区，潮汐不等现象明显。

中国近海海域海浪特征，渤海、黄海、东海、南海的波高以南海最大，东海次之，渤海、黄海较小。年均波高南海为 1.5m，东海及南黄海为 1.0～1.5m，渤海、北黄海和北部湾仅 0.5～1.0m。年中波高以冬季最大，大浪（波高 2m 以上）频率都在 20% 以上。从济州岛经中国台湾以东海面至东沙、南沙群岛的连线为大浪带，大浪频率在 40% 以上，中心区可达 50%。据现有记录，南海、东海的最大波高超过 10m，南海、黄海为 8.5m。

习　　题

1. 什么是海洋强国？
2. 什么是海洋工程？
3. 什么是海洋工程环境？其主要内容包括哪些？
4. 简述海洋划分及划分依据。
5. 简述中国近海海域海浪特征。

第2章 海洋科学基础知识

2.1 地球的运动与形状特征

2.1.1 地球的运动

地球是太阳系（Solar System）中的一颗行星，总是处在不断的运动之中。由于在太阳系中各个天体之间存在相互作用影响，使得地球在其中的实际运动情况相当复杂，这里主要关心它的自转（rotation）运动和公转（revolution）运动这两个显著运动。在16世纪中叶以前，人们一直认为地球是宇宙的中心。这时候波兰的天文学家哥白尼，提出了著名的"日心说"。虽然他的说法在如今看来也不全对，但是地球绕着太阳转已经是大众熟知的科学常识。现代科学证明，地球在自转的同时还在不停地绕着太阳公转。

自转运动是地球绕通过地心的地轴自西向东的旋转运动，地球自转一周的时间单位便是我们日常生活中的一"日"。现实生活中最明显的例子就是我们白天的时候，美国在夜晚。当哈尔滨太阳升起时，新疆喀什还满天繁星。这就是地球的自转造成的时间差异和昼夜的交替。在天文学中，由于观测自转参考点的选取不同，带来一"日"的定义和长度略有不同，如以太阳和月球为参考点就带来平太阳日和平太阴日的时间单位。地球自转的结果是对地球上的运动物体产生地转偏向力或科氏力，其结果是改变运动物体的运动方向，这对于大、中尺度的大气运动及洋流运动的影响尤其显著。

地球的绕日运动被称为一般意义上的地球公转，其方向同地球自转方向一致，也为自西向东旋转，但严格意义上是地球和太阳绕日地的共同质量中心运动，只是因为太阳和地球的质量相差非常悬殊，太阳质量约是地球质量的333400倍，造成它们的共同质心十分靠近太阳中心，因而可近似地把地球公转看作是地球单纯环绕太阳的运动。地球绕太阳运动的轨道是一个椭圆，太阳位于椭圆的一个焦点上，日地距离不断随地球公转发生变化，出现了近日点和远日点。同理，月球围绕地球的公转在严格意义上也是绕地月共同质量中心的旋转运动。月球公转的轨道也是个椭圆形，在公转周期内存在近地点和远地点的差别。地球在公转时，地轴是倾斜的，而且它的空间指向保持不变。这样，地球在公转轨道的不同位置，表面受太阳照射的情况也就不完全相同，便产生了季节的变化。以北半球为例，夏至日前后一段时间，地面获得的太阳光热较多，形成夏季。冬至日前后一段时间，地面获得的太阳光热较少，形成冬季；春分日和秋分日前后一段时间，地面获得的太阳光热比夏季少，比冬季多，分别形成春季和秋季。南半球季节与北半球相反。

地月系统和日地系统在以上的公转运动中对地球产生引潮力，引起海洋潮汐的涨落现象。地球的自转和公转运动也造成其表面在各个时期得到的太阳热辐射能量不相同，使得海洋水文要素及大气气象要素的分布不均匀，产生大洋环流和大气环流。

2.1.2 地球的形状特征

地球的形状和大小是地球科学学科的基本课题，地球形状问题也是人类最古老的世界观的基本内容，是人类对于宇宙认识的一个组成部分。人类认识地球形状和大小的历史过程相当复杂。古代人类活动的范围极有限，且缺乏精确可靠的观测手段，因此产生过许许多多关于地球形状的错误认识。古巴比伦人认为宇宙是一个闭合的箱子，大地是这个箱子的地板；古希伯来人认为大地是一块平板。我国古代则有"天圆地方"的说法，并且认为这个方形大地是从西北向东南倾斜的。随着人类社会生产力、科学技术和航海交通的发展，人们的活动范围逐渐扩大，视野日益开阔，大地的球形观念逐步形成起来。从"非球"到"球形"，是人类认识地球形状的一大飞跃。但是，球形观念只是地球形状的第一个近似观念。19世纪以来，人们进一步知道了地球是一个赤道突出、两极扁平的椭球体；近年来，有些人认为地球实际上是一个"梨状体"。其南极向内凹进30m，北极向外凸出10m。

科学研究表明，地球是一个拉长了的椭球。从几何上说，它是由椭圆旋转一周形成的，赤道处半径较大，而在极地半径较小，地球之所以成为椭球是由地球自转所引起的。依据人造地球卫星的观测结果，国际大地测量与地球物理协会给出了地球形状的旋转椭球体的主要参数，为

赤道半径（长半轴）：$a = 6378.140$ km

两极半径（短半轴）：$b = 6356.755$ km

扁率：$(a-b)/a = 0.0033528$

平均半径：$R = (a^2 b)^{1/3} = 6371.004$ km

地表上长度的测量因不同用途而采用不同的计量单位，其中最常用的单位是经纬度、米、英里、海里。纬度是当地铅垂面与赤道面的夹角。子午线是与赤道平面垂直并且通过地球转轴的平面与地表的交线。经度是本初子午线与其他子午线的夹角，其中本初子午线通过英国格林尼治天文台。经度有东、西之分，东经为正，西经为负。

除了在赤道附近外，纬度与经度对应的长度是不一样的。纬度是沿大圆测量的，其半径 R 是地球的平均半径。经度是沿半径 $R\cos\psi$ 的圆周测量的，ψ 代表纬度。因此，1纬度约为111km，而1经度约为 $111\cos\psi$ km。

地球的表面分为陆地和海洋两大部分，地貌形态各异，地表形状很不规则。海洋中存在波浪、潮汐、海流等海水运动，海洋表面起伏不定。陆地有山地、高原、盆地、平原、丘陵等地貌类型，地势起伏不平，极其复杂。假若海水处于静止平衡状态，海平面（sea level surface）就是一个水准面，若将该静止海面向大陆内部延伸形成一个封闭连续曲面，就构成大地水准面。由大地水准面构成的地球形状就是理想的地球形状，其包围的地球部分称为大地体。因其十分接近于真实地球的形状和大小，其形状和大小可用来代表地球总的形状和大小。

由于地球内部物质的分布不均以及地表的起伏不平，使得大地水准面表面仍有一定程度的不规则性，因此一般选择具有规则形状又最接近真实地球的如上标准椭球体表面代表大地水准面的形状，从而可借助数学形式进行描述。在海洋科学研究中通常就将大地球体当作一个地球圆球体。大地水准面是地球的一种几何物理特征描述，是地面物体高

程（height）起算的基准面，可用于比较陆地物体的高程。大地水准面是一个静止的海水面，可由海边验潮站的长期观测结果确定。我国现阶段采用的 85 黄海高程系统就是由青岛验潮站的长期观测数据计算得到的黄海平均海平面。大地水准面的形状反映了地球内部物质结构、密度和分布等信息，对海洋学、地震学、地球物理学、地质勘探、石油勘探等相关地球科学领域的研究和应用具有重要的作用。

2.2　海岸带、海底特征与海洋沉积

2.2.1　海岸带

海岸带是人类生存的重要空间、经济发展的关键区域。全球约有 40％的人口生活在离海岸线 100km 以内的陆地上，约有 10％的人口生活在海拔低于 10m 的区域。海岸带（coastal zone）作为连接陆地与海洋的过渡地带，提供便利的海上交通和丰富的海洋资源，是当今社会经济最发达和最活跃的地区，周围集中了大量的现代化工业大城市，在各国国民经济中占有极其重要的地位。海岸带的海洋初级生产力占全球的 25％，渔获量占全球的 90％。频繁的人类活动给海岸环境和生态系统带来了前所未有的威胁。在过去几十年里，近海渔业资源减少了近 30％，有接近 50％的湿地消失，60％的珊瑚礁严重退化，环境和淡水资源被不断污染。与此同时，海岸带也是当前和未来人类最有能力干预和治理的区域。

海岸有多种分类的方式。按照时间尺度，海岸和大陆边缘可分为主动型和被动型。主动边缘存在活跃的火山活动、断层和褶皱活动，比如太平洋大部分地区，正在不断抬升；被动边缘，比如大西洋地区，在海底扩张之前受其推动，聚集有厚实的沉积物楔体，并且通常处于下降状态。海岸属于侵蚀海岸还是沉积海岸，取决于沉积物是被冲刷还是淤积。在较短的时间尺度内，波浪和潮汐会导致侵蚀或沉积。在千年的时间尺度内，平均海平面的变化会造成沉积物的冲刷和淤积。侵蚀性海岸受海浪和海流冲击，它们侵蚀海岸线，并挟带细颗粒进入大海。海浪产生的沿岸流和离岸流携带冲刷的沉积物沿海岸运动或进入大海。被侵蚀的沉积物可能和河流冲出的泥沙共同形成三角洲。这种侵蚀在海浪较大的高能海岸速度最快，在海浪通常较弱的低能海岸速度最慢。和坚硬物质相比，柔软物质的被侵蚀速度更快。这些质地变化的结果是，侵蚀应力在海岸上切出特征明显的地貌，如海蚀崖和海蚀洞，并形成交替出现的海湾和海岬。

海岸带是陆地与海洋相互作用最活跃的地带，它将陆地与海洋分开，又将陆地与海洋连接起来，对它的理解和划分有许多不同的观点。这里将它定义为特大风暴潮增水等使海水作用能抵达的陆地最高处至海底波浪作用能到达的近海海域之间的带状地带，由海岸（beach）、海滩（shore）和水下岸坡（subsea slope）三部分组成。

海岸又称潮上带，是指与海洋相邻接触的陆上岸带。海面与陆地接触的交界线就是海岸线，由于海洋动力的作用，海岸轮廓总是处在不断变化之中，海岸线不是固定不变的，它随着水面高程、潮位升降、风引起的增减水等海水运动发生移动，垂直方向的海面升降幅度能达到十多米，水平方向的进退有时能达到几十千米。一般取多年平均高潮位的水陆交界线为海岸线。

海滩又称为潮间带，处于潮汐涨落的频繁作用之中，是平均低潮位到平均高潮位之间的地带。水下岸坡又称为潮下带，是波浪作用开始处到平均低潮位之间的海底地带，波浪作用的下限水深在工程上一般取波浪波长的一半。

海岸沉积物主要由泥、砂、砾石等陆源物质组成，海岸的形成经历了漫长的过程，其基本格局一方面受到地质构造条件的宏观控制，另一方面主要受到河流、波浪、潮汐、海流及海平面变化与海洋生物活动等自然因素的影响，是海洋动力作用强烈的区域。其中，河流入海的主要物质是泥沙，它引起海岸线位置及轮廓的变化。波浪对海岸的作用能量最大，不断地拍击和冲刷着海岸，使海岸蚀退，对海岸的塑造影响大。波浪的破碎与波浪的折射既造成海岸的侵蚀破坏，又影响海岸的堆积成形。在海湾、河口湾等潮汐作用强区，潮差大，潮流强，潮汐对海岸的作用力也大，并造成海岸的侵蚀与后退。

海洋动力及河流的侵蚀、搬运和堆积作用等造成多种海岸地貌类型。按海岸的形态和成因，我国的海岸可分为基岩海岸、砂（砾）质海岸、淤泥质海岸和生物海岸。

基岩海岸又称港湾海岸，波浪作用强烈，是塑造该类海岸的主要动力。其特点是地势险峻、岸线曲折、坡度陡、水深大、岬湾相间、沿岸岛屿星罗棋布，天然良港多。在我国主要分布在山东半岛和辽东半岛海岸以及杭州湾以南的浙、闽、粤海岸等处。

砂（砾）质海岸又称为堆积海岸，主要由松散的砂（砾）在波浪或风的作用下堆积而成，组成物质较粗，岸滩一般较窄陡。我国的广西北海，海南八所、洋浦等地的海岸属于此类海岸。

淤泥质海岸主要是由海流将较细的粉沙淤泥沉积堆积在海湾岸段而形成，有"沙岸"之称。它的特点是岸线平直、岸坡平缓，快速变化的冲淤过程造成岸线的不稳定，潮间带浅滩宽阔，缺乏天然良港。在我国主要分布在杭州湾以北的苏北平原海岸、辽东湾、莱州湾等处，如上海港、营口港等。

在低纬度的热带和亚热带区域，由于某种生物的生长和迅速繁殖而形成特殊景观且影响海岸的塑造，这种生物作用下形成的海岸类型就是生物海岸。包括珊瑚礁海岸和红树林海岸等，组成独特的生态系统，有丰富的生物多样性，红树林还起着稳定和保护海岸的重要作用。红树林是生长在热带亚热带、滩涂浅滩地带，由陆地向海洋过渡的一种特殊生态系统。它们不仅能够通过吸附、沉淀有毒物质净化水体，还是藻类、海鸟、虾蟹以及贝类等多种生物的栖息地，在海洋生态保护、生物多样性、减碳固碳等方面具有巨大效用，可以说是名副其实的海洋堡垒。全球目前有341种受威胁物种以红树林为主要栖息地，我国持续加大保护力度，成为世界上少数几个红树林面积净增加的国家之一。红树林是植物，却有着动物的"胎生"习性；它生长在泥土里，根却露出地面呼吸；它被誉为"海岸卫士"，同时又是"鱼虾粮仓""鸟类天堂"。

2.2.2　海底特征

2.2.2.1　板块构造和深海地形

Thurman 和 Trujillo 通过描述，说明了海洋盆地是由于地壳构造板块的运动形成的。随着地球板块不断分离，通过海底扩张形成了新的海底，进而形成大洋中脊系统。大洋板块以 2（大西洋）～16cm/a（太平洋）的速率分离，从而将岩浆挤入洋脊中心区域的表面。在地质时期，地球磁场方向倒转，导致洋脊中心熔化的新表面的磁性材料成分发生倒转。通过观察海表材料磁场方向的倒转，证明了大洋中脊的扩展。利用这些倒转，可以测定海底的年代。磁场倒转的重现期约为 50 万～100 万年。

14000km 长的大西洋中脊是构造扩张的中心，它与全球大洋中脊（长度超过 4000km，是地球地形的最广泛特征）相连。大洋中脊从北冰洋开始，延伸穿过大西洋中部下方的冰岛，环绕非洲顶部，随后蜿蜒穿过印度洋和太平洋，最终在加利福尼亚湾停止延伸。从所有大洋洋脊东部和西部的不同水域特性发现，大洋中脊和其他深脊将底部水域分离。深层水域和底层水域可通过狭窄的裂隙（称为断裂带）显露出大洋中脊。断裂带大致为垂直的平面，与洋脊垂直，处在地壳与洋脊垂直的相反移动方向的一侧。大洋中脊存在很多断裂带，比如作为在大西洋中深海环流重要通道的罗曼什断裂带，在赤道附近穿过大西洋中脊。另一个案例是，控制南极绕极流的一对南大洋断裂带。

在一些地壳构造板块的边缘，一个板块使另一个板块潜没（在下方移动）。在向陆侧，潜没之后，随之而来的是火山和地震。潜没形成了相对于其长度而言较狭窄且深度为 11000m 的深海沟。大洋的最深部分则位于这些海沟中。多数海沟分布在太平洋，如阿留申海沟、千岛海沟、汤加海沟、菲律宾和马里亚纳海沟等。其他大洋中也存在一些海沟，例如大西洋的波多黎各海沟和南桑威奇海沟，以及印度洋的巽他海沟。海沟形状通常接近圆弧，一侧为岛弧。岛弧的例子有阿留申群岛（太平洋）、小安的列斯群岛（大西洋）以及巽他岛弧（印度洋）。海沟向陆侧从海沟底部向海面延伸的距离长达 10000m，而向海侧仅为此高度的一半，在约 5000m 的海洋深度处停止延伸。

海沟可控制或影响较深水域的边界流（较深西部边界流），并且能量足以影响到海底上部的大洋边界流（比如风生环流的西部边界流）。影响海洋环流的海沟案例为，沿着太平洋西部和北部边界的深海沟系统，以及大西洋加勒比海东部的深海沟。

与较早形成的洋底部分相比，新形成的洋底部分深度较小。海床随着在海底扩张中心形成的新海底年龄不断增长，其通过向上方海水中释放热量的方式冷却，且海床密度增加及收缩，这使得其深度增加。对于最新形成的大洋中脊，洋底深度范围为 2～3km，而对于最早形成的大洋中脊，此深度大于 5km。

海底扩张速度也非常慢，因此不会对气候变化产生影响，也不会影响人为气候变化。但是，在数百万年中，地球的地理布局已发生了变化。当大陆位于不同位置时，"深时"古环流模式与当前模式不同，对这些模式的重建是古气候模拟的一个方面。通过对当代的环流研究，可以精确地对古环流予以模拟，它们的物理过程相似（例如与地球自转、风力、热盐作用、边界条件、东西开阔通道、赤道地区等相关的环流的相互影响），但海洋盆地形状和海底地形有所不同。

洋底粗糙度影响大洋的混合速度。整体粗糙度以 10 为基数呈指数变化。粗糙度是扩散速率和沉降速率的函数。新的海底粗糙度大于先前所形成海底的粗糙度。缓慢扩张中心形成的地形粗糙度大于快速扩张中心的粗糙度。因此，缓慢扩张的大西洋中脊粗糙度大于快速扩张的东太平洋海隆。缓慢扩张的海脊扩张中心也存在裂谷，而快速扩张的海脊扩张中心海脊高度增加。很多海脊可按粗糙度划为深海丘陵类型，而它是地球上最常见的地貌。

单独山脉（海底山）广泛分布在大洋中。海底山从背景海洋测深区域中清楚可见。海底山的平均高度为2km。高度触及海面的海底山形成岛屿。海底平顶山是触及海面，较平坦，随后再次下沉至海面下方的海底山。很多海底山和岛屿由位于地壳构造板块下方的火山热点形成。和板块相比，这些热点呈相对静止状态，并且随着板块移动穿过热点火山，形成了海底山链。

2.2.2.2　大陆边缘和大洋底

地球岩石表层分为两种类型，即海洋和大陆。对应于海洋部分的地壳较薄，大约只有10km；而对应于大陆部分，地壳较厚，约有40km。这层厚又轻的大陆型地壳浮在密度较高的地幔上，它的高度远大于对应于海洋的地壳。大陆地壳和海洋地壳相对于平均海面的高度分别是1114m和−3432m。

三大洋的海水体积超过了海盆的容积，部分水体流到大陆架上。大陆形成了海洋的主要横向边界。海岸线和海底具体要素的重要性在于它们对环流的影响。从陆地开始的此类分区主要包括海岸、大陆架、大陆坡、大陆隆和深海海底（其中一部分是深海平原）。一些重要的海底要素，如大洋中脊、海沟、岛弧和海底山脉，都是板块构造和海底火山活动的产物。大陆

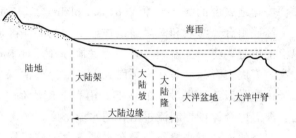

图2.1　大陆边缘

架的范围自海岸线（一般取低潮线）起，向海洋方面延伸，直到海底坡度显著增加的大陆坡折处为止，如图2.1所示。大陆架坡折处的水深在20～550m之间，平均为130m，也有人把200m等深线作为陆架下限。大陆架平均坡度为0～0.7，宽度不等，在数千米至1500km之间。全球大陆架总面积为2710万km²，约占海洋总面积的7.5%。大陆架地形一般较为平坦，但也有小的丘陵、盆地和沟谷；上面除局部基岩裸露外，大部分地区被泥砂等沉积物所覆盖。大陆架是大陆的自然延伸，原为海岸平原，后因海面上升之后，才沉溺于水下，称为浅海。

有些大陆架较大，如南海的大陆架宽度在1100km以上，陆架深度大部分在50～100m之间。比较重要的大陆架有东海大陆架、太平洋北部的白令海大陆架、欧洲的北海大陆架、加拿大纽芬兰大浅滩大陆架、乌拉圭巴塔哥尼亚大陆架、西太平洋的阿拉弗拉海大陆架、荷兰卡奔塔利亚湾大陆架和西伯利亚大陆架。这些浅海能够耗散潮汐能，往往是生物高生产力区域，通常是相关国家的专属经济区。

大陆架的边缘转折处到大洋底的大洋盆地之间是大陆坡和大陆隆。大陆坡为大陆架外缘向深海陡倾的海底倾斜部分，在大陆边缘中地形最陡。它的下界是坡度突然减小的地方，即大陆隆开始的地方。大陆坡的沉积物主要是陆源物质，大多为泥，其次是沙砾，剩下的是生物残骸与碎屑。大陆坡的坡表面被海底峡谷间歇地切割，地形崎岖不平。坡度很大及坡面被许多很深的称为海底峡谷的大峡谷横切是大陆坡的两个显著特征。

大陆隆又称为大陆裾或大陆基，是自大陆坡下界向大洋底平缓倾斜过渡的扇状沉积体。大陆隆上的沉积物主要是来自大陆架或大陆坡流经此处堆积的大陆物质，厚度超过2000m。

海洋各处的海底地形差别较大，有的深、有的浅，有的变化平缓、有的变化陡峭。按照海洋的深浅程度和海底地势起伏的形态，一般可将海底形态分为大陆边缘和大洋底两大部分地形单元，其中大陆边缘是大陆与大洋底之间的过渡地带，大洋底则是大洋的主体。

大洋底主要由大洋中脊和大洋盆地组成。大洋中脊又称为中央海脊或中央海岭，是全球规模的海底山脉或隆起。它纵贯太平洋、印度洋、大西洋和北冰洋，绵延不断，总长约75000km，面积约占海底面积的 33%，平均宽度达 1500km，平均高出附近海底 1～3km，脊顶处水深一般为 2～3km，亦有的高出海面，形成岛屿。大洋中脊被认为是大洋板块增生与分离的策源地，其上常伴有地震和火山活动。

大洋盆地介于大陆边缘和大洋中脊之间，面积约占海洋总面积的 45%，其上分布着许多次一级的海底形态，如海盆（sea basin）、海山（sea mount）、海岭（ridge）等。大洋深海盆地底部的深海平原（abyssal plain）广阔而平坦，倾斜度很小。

海底山脊、海峡和海底通道连接不同的海洋区域。海底山脊是位于海底区域平均底层以上的山脊。将一片盆地与另一片盆地分开，对于峡湾而言，则是将一片近陆盆地与外海分离。海底山脊深度是从海平面到山脊最深处的深度，即顺流穿过山脊的最大可能深度。海洋山脊类似于地形学上的鞍部，山脊深度类似于鞍点。深海中海底山脊与深海盆地相连。海底山脊深度控制流过山脊的水流密度。

海底通道和海底峡谷都是在水平方向的挤压作用下形成的。当认为是地貌时，通常称之为海峡，比如连接地中海和大西洋的直布罗陀海峡，或连接白令海和北冰洋的白令海峡；当认为是地形时，称之为海底通道和海底峡谷，例如连接深海盆地的断裂带。

海底地形对海水水团的分布和海流的位置有重要影响。例如，由于鲸湾海脊（南大西洋）的高度过高，来自威德尔海（南极洲）的底层海水无法填满大西洋海盆的东部区域；因此底层海水只能向北沿南大西洋四边界流动，在中大西洋海岭深处找到一条通道，之后向南流动以填满海岭东部的海盆。深度较浅的海底山脊（海峡中的最浅区域）决定了边缘海域对中层海流和海域相关海水水团的分布的剧烈影响。沿岸上升流是海岸地形和相关海底地形的直接产物。沿岸海流通常由沿海海底的地形决定，这一系统的不稳定性可能由海底地形的水平尺度决定。近岸海底地形导致表面重力波发生破碎，并直接影响局部潮汐活动。

2.2.3　海洋沉积

海洋沉积物（marine sediments）由泥、砂等无机物质和生物残骸等有机物质组成，它们在自身重力及海水搬运等海洋动力的综合作用下沉降堆积在海底。

在自然界，地壳上的岩石在受到物理、化学及生物等作用时会风化剥蚀产生大量碎屑物质，经由河川、雨水、冰川及风等的搬运作用而进入海洋，有些堆积在大陆架，有些就由海流搬运输送到深海，这些来自陆源物质的沉积物就称为陆源沉积。海洋中存在大量的生物，这些生物死后的残骸沉积于海底，它们以硅质和钙质的浮游生物为主，形成硅质软泥和钙质软泥的深海沉积物。大陆架中则含有珊瑚、贝类和藻类等生物残骸，被称为生物沉积。火山爆发时会产生大量的火山岩浆、碎屑和灰尘等物质，这些火山物质在海洋的沉积就称为火山沉积。宇宙间行星的运动和碰撞等产生宇宙尘埃，它们每天落到地球上的数量高达 14t 左右，并且大部分落在深海底，这部分的沉积称为宇宙沉积。此外海水内存在化学反应产生化学沉淀物，这被称为自生沉积。

沉积物的组成有岩、砾石、砂、黏土等，常使用粒径中值来区分及描述其特征。根据温特沃斯（Wentworth）分类法，粒径大于 256mm 的沉积物称为岩，粒径在 2～256mm 的称为砾石，粒径在 0.5～2mm 的称为粗砂，粒径在 0.25～0.5mm 的称为中砂，粒径在 0.065～0.25mm 的称为细砂，粒径在 0.016～0.065mm 称为粗粉砂，粒径在 0.004～0.016mm 的称为细粉砂，粒径在小于 0.004mm 的称为黏土。

在海流、波浪和重力等搬运海洋沉积物的主要动力作用下，沉积物分布广泛，可分为滨海沉积、大陆架沉积、大陆坡-陆隆沉积、大洋沉积几大分布区域。其中的深海资源由于仍然处于未开发状态而基本上保存完好。

全世界海洋每年接受相邻陆地输入的剥蚀产物超过 200 亿 t，包括悬浮和溶解物质，这些陆源碎屑物质主要通过河流、冰川、风和海流等搬运至海洋底部，成为深海陆源沉积物。

各种沉积作用与生物作用、化学作用和风化作用的共同结果，促进了海底矿物资源的生成。

2.3 海洋科学研究的发展与海洋技术

2.3.1 海洋科学研究的发展

海洋科学研究的是海洋中的各种自然现象及其发生、发展的过程，对海洋的各种自然性质和演变规律等进行研究，应用各学科的原理、方法和成果开展对海洋的考察、观测和研究，并涉及海洋资源的开发利用和环境保护等诸多领域，研究内容广泛而有综合性。趋向于全球化的研究发展，建立起全球性的海洋环境监测、预报与服务网络。

海洋科学的理论研究体系包括研究海洋各种物理现象与过程的海洋物理学，研究海水化学组成及其分布规律与化学过程的海洋化学，研究海洋生物及其环境以及生物过程的海洋生物学，研究海洋的形成和演变、海底地壳构造和形态特征、海洋沉积与海底矿物资源的海洋地质学，研究海-气相互作用及海面各种天气现象的海洋气象学等各个方面的基础性研究。由于海洋环境的影响因素广泛和复杂，因而设计多个交叉学科，需要跨学科综合研究。也包括海洋声学、卫星海洋学等对海洋的应用与技术研究，海洋资源、海洋环境科学、海域管理等对海洋的管理与开发研究的学科分支等等，并日益重视对海洋生态环境保护、海洋资源的可持续开发利用及减灾防灾等方面的研究。随着海洋科学的发展，新的学科分支也将兴起和发展。

海洋科学的发展和早期的航海探险活动及其取得的巨大历史成就密不可分，尤其是指南针、罗盘仪等发明及其在航海活动中的应用，天文学知识、航海知识及造船技术的提高等极大地帮助和推动了世界航海探险活动的发展，促进了人类对海洋的了解。

在 15—18 世纪的欧洲，人类帆船的航海探险活动达到全盛时期，取得了许多重要成果，其中全球地理大发现更是为人类做出了不可磨灭的贡献。为纪念和表彰当初发现者的卓越贡献，许多地理地名至今都在用发现者的名字命名或保留着发现者最初取的名字，如太平洋、麦哲伦海峡（Magellan Strait）、罗斯海（Ross Sea）、库克海峡（Cook Strait）、哈得孙海峡（Hudson Strait）和哈得孙湾（Hudson Bay）等。

15 世纪的西班牙和葡萄牙是那段时期有能力实施航海探险的主要国家，围绕通过海路寻找新的生存发展空间等目的开展了一系列有步骤的航海探险活动，走上了海上冒险之路，其取得的丰硕成果亦引发了世界范围的航海探险热潮，涌现出许多杰出的历史人物与事件，加速了各大洲之间的海上交通与贸易来往。著名的历史人物有建立航海学校、传播最新航海知识的葡萄牙航海家 Henry 王子（1394—1460）；1492—1504 年间 4 次率船队横渡大西洋远航发现美洲大陆的 C. Columbus；1497 年 7 月至 1498 年 5 月，开辟了欧洲经大西洋绕过非洲好望角通往印度新航路的葡萄牙人 V. daGama；1519 年 9 月 20 日率领船队从西班牙出发，穿越南大西洋进入太平洋和印度洋，完成了人类首次环绕地球的航行，成为环球航行第一的葡萄牙人 F. Magellan，他的环球航行为"地圆说"提供了有力的证据。

16 世纪开始，英国取得了海上霸主地位，成为了最具有海上实力并能有规模地实施航海探险活动的国家，为世界航海探险发现做出了卓越的贡献。1577—1578 年，F. Drake 成为第一位驾帆船完成环球航行的英国人；1768—1779 年，被誉为英国探险家、航海家和制图学家的 James Cook 以 3 次在太平洋和大西洋的航海探险而闻名于世，是最早进行海洋科学考察的航海探险家，给后人留下了现代太平洋地图、战胜坏血病保持海上健康的办法及珍贵的海洋资料等。

到了 18 世纪后期，开始了真正有组织的对世界大洋的研究活动，航海探险逐渐转向对海洋的科学考察，开始收集、积累与整理分析大量的海洋观测资料，开始使用仪器进行观测和实验，发明了颠倒温度计，对海上温度随深度变化有了初步认识，并依据采集的水样（water sample），开展了海水溶解盐溶度及成分的研究分析，发现了海水组成恒定性这一重要规律，根据多年航海日记资料，对大洋表层主要海流的路径和产生原因进行了研究分析。19 世纪后叶，海洋仪器和海洋技术有了创新和发展，海洋科学考察和研究活动进入一个新的发展阶段。

1872—1876 年，英国"挑战者"号调查船开展了 19 世纪最重要的海洋科学考察，在自大西洋经印度洋进入太平洋的环球一周的综合性调查研究中，历时 3 年半，航程达 12.6 万 km，取得了丰硕的成果。对 350 多个观测点进行了水文测量和取样，观测了海水温度和海流，分析了海水盐度成分，采集了海洋生物标本，发现生物新物种，进行了深海考察和测深，调查了海底地形与地质及海水透明度等。在历经 23 年的调查资料整理分析后，出版了 29500 页、插图 3000 多张的 50 卷巨著。它的考察发现被认为标志着近代海洋科学全面研究的开始，考察的发现和取得的大洋观测资料为海洋学各学科分支奠定了基础，被誉为近代海洋科学的"奠基性调查"。此外，"挑战者"号于 1873 年 2 月 18 日在大西洋海底用拖网采集洋底沉积物时采集到一种黑色球状物，这就是人类首次自海底采集得到的锰结核块，这一历史性的发现揭开了人类认识大洋海底矿物资源奥秘的序幕。1968 年 8 月，主要目的是实施"深海钻探计划"的"格洛玛·挑战者"号科学考察船在 15 年的考察航行中取得了许多新的重大发现，其结果验证了大陆漂移说、板块构造说，在墨西哥湾、南极罗斯海区发现储量可观的油气，在红海底和地中海地灼热的裂缝中发现含金、银、铜、铝、锌的多金属软泥。

自 20 世纪 50 年代起，为进行全球性的大海洋科学研究，解决重大海洋科学问题，全球的海洋调查与资源开发进入了一个多方面广泛合作的新阶段，考察方式也由过去的单船走航进入了多船同时走航及海洋遥感等共同进行大规模海洋调查的时代，获得的海洋资料有了连续性与同时性，从而更实时地反映了海洋的真实情况。

为加强各国之间的合作研究，研究海洋对全球环境影响等重大问题，成立了国际海洋科学组织（International Marine Sciences Organization），逐步建设全球海洋观测网，建立海洋观测资料数据库，共同开展广泛的有领导和国际合作调查，海洋调查成为常态化，在继续加强区域化研究的同时，已经在向全球化和国际化的方向发展。实施了多项海洋考察研究计划，如大洋环流实验、大洋热通量实验、热带海洋与全球大气实验、深海钻探计划（Deep Sea Drilling Program，DSDP，1968—1983）、大洋钻探计划（Ocean Drilling Program，ODP，1985—2003）及 21 世纪开始启动的国际大洋钻探计划（International Ocean Drilling Program，IODP，2004—2014）等，取得了许多重大的发现和成就，海洋科学随之进入一个迅速发展阶段，多学科交叉与综合研究成为当今海洋科学研究发展的重要趋势。

近 60 年以来，海洋生态系统对全球气候变化产生了明显响应，海洋物理和化学环境的快速变化（海水变暖、层化、混合和酸化）严重影响海洋生物和生态系统。如温室气体 CO 已显著破坏海洋系统平衡（导致海水酸化等）。海洋问题甚至延伸至经济、政治、文化等各个领域。气候变暖导致极地冰盖融化趋势加剧、海冰面积缩小、海洋碳吸收能力减弱。更为重要的是海洋在地球系统的热量分配中扮演着缓冲器的角色，深入理解气候变化与海洋系统功能的关系有助于维护全球可持续发展。另外，海洋气候环境自身也在发生快速的变化。根据模型预测，到 2070 年南极臭氧洞的作用将完全消失，导致南极快速升温并将引发东南极冰盖融化及海冰覆盖面积锐减。这种大规模海洋环境变化将对地球化学过程产生怎样影响，以及是否会导致海水酸化加剧等问题现在依然未知。因此，进一步探讨全球气候变化对海洋生态系统的效应及其影响机制，对于海洋科学研究具有重要意义。未来的主要研究方向包括：①开发和测试与全球变化、局地压力有关的海洋系统预测模型；②在全球海洋范围内推广自动气候监测系统；③明晰海洋生态系统中关键物种和群落对气候变化的脆弱性和适应力；④模拟关键区域海洋系统与全球变化压力的耦合作用；⑤人类活动对海洋气候环境及其生态功能的影响。

海洋动态监测是一切海洋工作的基础，研究人员积极探讨利用新兴技术监测海洋动态。如欧洲空间局运用 BEST 软件和 SAR 图像技术来区分油膜、海水与海浪，以精确监测海洋溢油事故；中国国家海洋局利用高分三号卫星实现了海洋内波的首次定量遥感，并对黄海进行定量分析和反演研究。新兴海洋监测技术可归于以下几类：①海洋浮标监测系统，由浮标系统、锚泊系统和岸站系统 3 部分组成，该系统采用高可靠性、低能耗微处理机作为数据采集的核心，能自动、连续采集海洋数据；②海洋分子生物学技术，如利用藻体中的特异功能基因分析浮游植物种群动态，利用核酸探针和实时荧光定量 PCR 等技术监测海洋浮游病毒的生态分布，利用 DNA 条形码分析海域浮游动物，通过测定海洋真核生物溶酶体的异噬、自噬和自溶作用来持续监测海洋污染动态等；③基于大数据的海洋环境监测体系建设，在云计算环境下，针对海洋监测大数据特点，综合考虑监测任务、监测点和监测数据之间的关联，应用大数据技术实现多源异构的海洋环境监测数据集成，有利于海洋环境监测数据共享。随着科技的迅猛发展，未来将有更多先进技术应用于海洋研究中。

全球海洋平均水深为 3800m，其中超过 2000m 的深海区占据海洋总面积的 65% 以上，海洋通过生物碳泵作用将大气中的颗粒有机碳（particulate organic carbon，POC）输送到深海。前人认为，POC 因具备抗微生物分解功能可以长期存在；最新研究表明，深海 POC 浓度过低导致深海微生物生长缓慢，这才是 POC 得以长期储存的机制。海底热液铁循环、海洋噬菌体丰度以及底栖病毒的分解作用也在深海 POC 传递过程中扮演重要角色。伴随气候变暖，浅海区 POC 将会发生再矿化现象，从而减少深海 CO 的储存能力。深海生物多样性分布模式异于陆生系统，资源可利用性（如海水有机碳含量）是制约其生物多样性的主要因素；在局部沉积环境的水动力驱动下，深海丘陵等异质性生境有助于维持较高的深海生物多样性水平。此外，海水深度、海底硫酸盐浓度也影响深海新物种分布及底栖动物群落演替。随着深海工业发展及资源开采力度的增大，深海环境遭到严重破坏（如尾矿释放毒性物质、海水浊度改变等），《联合国气候变化框架公约》（UNFCCC Conference of the Parties）已颁布条约，呼吁采取有效措施减缓气候变化及人类活动对深层海洋的影响，以保持全球深海生态系统功能完整性。未来深海领域的研究有望从以下 4 个方向进行突破：①深海动力机制与数值模拟；②深海生态系统结构与新物种分布；③海底地质地貌勘探；④深海探测技术及仪器设备研究。

近年来，人类围绕海洋开发利用、资源环境保护、海洋权益分割等方面做了大量工作，既取得了诸多研究成果，同时也滋生矛盾与冲突。海洋研究不仅包含自然科学理论与技术，同时更涉及管理学、社会学等其他学科，甚至上升至国际政治议题，因此解决海洋问题亟须多学科融合，齐头并举。此外，其他相关学科的发展也为海洋研究提供了新思路、新技术，如流体力学在海洋研究中的应用、声学与海洋热力学、生物地球化学等学科的交叉应用也应引起科研工作者的重视。未来海洋科学将可能涵盖由近海到大洋、由表层到深层、由宏观到微观，多学科交叉融合，进一步推进海洋科学的飞跃发展。

我国海洋科学研究发端于 20 世纪中叶，较发达国家起步晚，长期以来研究水平与发达国家存在较大差距。然而，近年来随着综合国力的增强，经费投入的增加，我国海洋科学研究水平得到迅速提升。研究领域从中国近海拓展到深海大洋与极地海域，研究问题正在逐步从单一学科的科学问题向多学科交叉问题过渡，产生了一批具有重要国际影响力的学术成果。国内学者通过积极参与国际合作和国际研究计划，积累了经验，打好了基础，培养了队伍，并逐步走上了国际舞台。

2.3.2　海洋技术

海洋科学的许多成果和重大发现都依赖海洋技术的进步，海洋技术为海洋科学调查和海洋开发提供强有力的手段与装备，是人类认识海洋、研究海洋及利用海洋和保护海洋的技术保障。

从人类开始认识与利用海洋起，海洋技术就存在于海洋的各种开发与研究中，并不断得到发展，尤其是在 20 世纪 60 年代以来，伴随着海洋调查活动的广泛开展与海洋开发活动的蓬勃兴起，海洋技术的发展突飞猛进，遥感技术、激光技术、声学技术、电子技术、计算机技术、深潜技术、生物技术等现代科学技术不断用于海洋资源的开发与研究，极大地提高了人类开发利用海洋的能力，海洋开发亦由海岸带向外海、由近岸向深海逐渐地推进，并在许多领域的探索和研究中取得重大进展。

海洋环境的特点是随时空多变性及其分布复杂性，依赖海洋技术进步得到的海洋观测资料是人类认识海洋、研究海洋及对复杂多变的海洋环境进行预测预报的基础。1957年，苏联发射了人类第一颗人造地球卫星，开始了对海洋的空间观测。20世纪六七十年代，美国国家航空航天局（NASA）发射了TIROS、NIMBUS等系列气象卫星以及Landsat系列陆地资源卫星，继续对海洋做进一步的空间探测探索。1978年，为了满足海洋研究的特殊需要，美国发射了世界上首颗海洋遥感实验卫星"SeaSat‑A"，首次获得海表温度、海面高度、海面风场、海浪波高、海冰等海洋水文数据，从此开始了海洋空间遥感技术在海洋上的应用，使人类对海洋的调查观测有了长足的进步，实现了对海洋的大面积同步观测，使得全球范围的海洋观测成为可能，并可以长期与反复地实施，较准确地反映真实海洋的海面实况。

20世纪90年代，美国又陆续发射了海洋水色卫星（SeaStar、Adeos等）、海洋地形卫星（Geosat、Topex/Poseidon等）和海洋动力环境卫星（ERS‑1、ERS‑2、Radarsat等）等多颗海洋卫星，搭载有海色传感器、红外传感器、微波高度计、微波散射计、微波辐射计、合成孔径雷达等多种传感器，使用可见光（visible light）、红外（infrared）和微波（microwave）等电磁波实现了对海洋的远距离非接触观测，观测的内容包括海洋水色、海冰、泥砂、叶绿素、海面水温（sea surface temperature，SST）、海平面、海底地形地貌、海面风场、海浪、海流、内波等大部分的海洋要素，获取的海洋信息量巨大，遥感获得的数据结果和分析已在海洋表面温度等方面实现了业务化应用和预报，并用于指导海洋资源调查和海洋开发管理，在海洋大面积海图测绘、海洋污染监测和环境保护、全球气候变化研究等方面发挥着重要的作用。

深潜技术的进步使得深海领域的考察取得令人瞩目的成果，发现了深海中许多未曾见闻过的水下生物。深潜技术是随着深海科学观测、海底军事设施和海洋油气勘探开发而迅速发展起来的海洋高技术。1960年1月23日，"里雅斯特"号深潜器在马里亚纳海沟观察到海底的美丽红虾和扁平状鱼，证实了万米水深海底生物的存在，给深海生物存在与否的争论画上了句号。1977年和1979年，美国"阿尔文"号深潜器在对太平洋东部加拉帕戈斯群岛附近2500m深洋脊考察时观测到奇异的海底热泉，温度高达350℃的热液不断从中冒出，在其附近还生活着各种各样的奇异海洋生物群落，如管状蠕虫、蛤和鱼蟹虾等，形成一个热泉生物群落。它们依靠化能自养细菌为该生物群落提供最初的能量和食物而生存，而这种嗜硫微生物能分解硫化氢，从中合成碳水化合物，完全不同于依靠太阳辐射能光合作用提供能量的其他海洋生物。在深海如此高压、高温、黑暗的恶劣环境下生存的深海生命具有奇异的基因，被认为是地球上最古老的生命形态之一，对它的研究有助于探讨地球的生命起源和了解生物进化过程。

进入21世纪，海洋科学进入一个新世纪，新的可开发资源需要探索和开发，海洋空间期待着新的开发与利用，新的海洋产业要建立，海洋经济要发展，海洋财富要增加，发展海洋高技术成为时代的要求，是海洋资源环境可持续利用的重要保证。作为海洋大国的中国对发展海洋高技术也十分重视，在 1996 年 7 月将海洋作为第 8 个领域列入了国家高技术研究发展计划（863 计划），设立了海洋检测技术、海洋生物技术、海洋探查与资源开发三个主题开展海洋技术的研究和开发工作。为了向更深更远的海洋进军，提高深海资源勘探开发与深海科学研究能力，中国在 2009 年 5 月公布了深海海洋环境监测技术、深海油气及天然气水合物勘探开发技术、大洋矿产资源勘探开发技术、深海生物资源开发利用技术、深海潜水器与作业技术等国家深海高技术发展专项规划，并在某些重大技术领域取得重大进展。如"蛟龙"号载人潜水器（"Jiaolong" manned submerible）2012 年 6 月27 日在马里亚纳海沟创造了 7062m 下潜深度（图 2.2）的中国载人深潜纪录等，中国的海洋技术创新不断取得新突破，海洋观测能力有了显著提高，使中国的海洋技术进入了一个新的发展阶段，并推动了海洋技术从浅海向深海的战略性发展。在《国家中长期科学和技术发展规划纲要（2006—2020 年）》中，海洋环境立体监测技术、大洋海底多参数快速探测技术、天然气水合物开发技术、深海作业技术被列为高技术领域中海洋技术的前沿技术，代表着今后海洋高技术的发展方向。同时中国也在实施科技兴海计划，重点推动海水养殖、海洋医药、海洋化

图 2.2　"蛟龙"号和其母船"向阳红 09 号"科考船

工、海水淡化和综合利用等领域的海洋产业发展。《中华人民共和国国民经济和社会发展第十四个五年规划和 2035 年远景目标纲要》"海洋"专章指出，积极拓展海洋经济发展空间坚持陆海统筹、人海和谐、合作共赢，协同推进海洋生态保护、海洋经济发展和海洋权益维护，加快建设海洋强国。围绕海洋工程、海洋资源、海洋环境等领域突破一批关键核心技术。培育壮大海洋工程装备、海洋生物医药产业，推进海水淡化和海洋能规模化利用，充分发挥海洋科技对海洋经济和海洋事业发展的引领和支撑作用。

现代海洋技术主要指海洋调查技术，海洋资源开发技术，海洋环境监测、预报和环境保护技术这三个方面，它们是声学技术、光学技术、计算机信息技术、微电子技术、遥感技术、深潜技术、生物技术等高新技术在海洋领域的综合应用，为海洋科学调查和海洋勘探开发及海洋环境监测与保护提供了强有力的手段与装备。

对海洋进行调查和勘探是认识海洋的开始，是海洋开发利用的基础。海洋调查一般有综合调查和专业调查，调查对象包括海洋的物理、化学、生物、地质、地貌、气象等各个方面。海洋调查手段呈现出多样化趋势，海洋调查船（research ship）、盐度-温度-深度仪（conductivity temperature depth，CTD）、声学多普勒流速剖面仪（acoustic doppler current profiler，ADCP）、锚泊海洋浮标（mooring marine buoy）、漂流浮标（drifting buoy）、潜标（submersible buoy）、水下滑翔器（underwater gilder）、气象卫星（meteorological satellite)、海洋卫星（ocean satellite）、浅地层剖面仪（sub‐bottom profiler system）、侧扫声呐（side scan sonar）、水下机器人（unmanned underwater vehicle，UUV）等被广泛地用于海洋调查。现代海洋调查和探测正在向以卫星遥感为主，辅以航空遥感、调查船调查、（锚泊）浮标、海床基水下监测站和岸站观测系统等组成的多平台现代海洋观测系统方向发展，形成海面、水下、海底、空中和空间发展的实时立体化调查和探测。

海洋环境监测是开发海洋和保护海洋的基础，是做好海洋环境预报与海洋减灾防灾的基础，并为海洋的综合管理和可持续发展提供服务。它的技术包括卫星遥感技术、系留浮标和漂流浮标监测技术、声学检测技术、走航拖曳观测技术等，并通过卫星、浮标、岸站等在近海区域建立起完整的立体监测系统。

提高海洋预报技术水平对船舶海上活动安全、海上油气开采、海水养殖、沿海地区减灾防灾及国防建设都具有重要意义，现已形成从观测、收集、处理到分析、预报、分发等多个环节组成的业务化系统，这方面的技术有数值预报、统计预报和专家系统及短、中、长期预报。对污染物采用现场调查和遥感遥测的手段进行分析和监测，进行污染预测及生态环境影响评估，海洋污染的控制技术等属于海洋环境保护与生态修复技术的内容。其目的在于防止和减少海洋环境污染，维护海洋生态平衡。

海洋观测仪器是观测和测量海洋的基本工具，包括对海洋环境样品的采集、对海水物理化学及生物学特性以及海面上与海底下的环境特征的测量与观察、对获取数据的分析和处理等各个方面，它的原理有声学式、光学式、电子式、机械式、遥测遥感，操作方式有投弃式、自返式、悬挂式、拖曳式，根据所测要素可分为海洋物理性质观测仪器（测量温、盐、波、流、声、光）、海洋化学性质观测仪器、海洋生物观测仪器、海洋地质及地球物理观测仪器。海洋观测仪器一般布置在选定海域的测点与测线上，通过计划的、连续的、系统的、多层次的观测得到选定海域各种海洋要素资料的时空分布及变化规律。

随着卫星遥感、大型潜浮标等海洋技术装备的发展，发达国家目前已形成了对全球上层海洋大尺度的信息实时获取能力，并开发出了业务化的海洋预测预报系统。

目前，在我国部分近海，借助岸站、浮标和区域海底实验观测网等观测平台，初步实现了海洋的"状态透明"，但是在开阔大洋区，仅有少量的船测及潜浮标观测，且大部分数据不能实时回传，无法做到"状态透明"（观测），也使得对海洋"过程透明"（机理）认识不足。

由全国人大常委、海洋试点国家实验室主任委员会主任、中科院院士吴立新及其团队提出的"透明海洋"大科学计划是围绕我国海洋环境综合感知与认知、资源开发与权益维护等国家重大需求，以"海洋物联网"技术为核心，面向全球海洋及重点海区的海洋环境与目标信息感知，实施"海洋星簇""海气界面""深海星空""海底透视""深蓝大脑"五大计划，提升我国在海洋环境观测预测、海洋权益维护等方面的科研能力和水平，支撑"海洋强国建设"。"透明海洋"大科学计划将为我国在海洋观测探测领域从跟跑、并跑到领跑的转变提供助力。

"海洋星簇"计划的目标是通过研发具有自主知识产权的"观澜号"卫星，创新卫星遥感和组网技术，在国际上首次实现将主动微波扫描成像高度计＋激光雷达水体剖面同步观测相结合的新体系，构建海洋从中尺度（10～100km）到亚中尺度（1～10km）、表面到海洋上层（500m）的天基观测系统，实现从空中将海洋看透。

"海气界面"计划的目标是发展海面智能移动和定点锚系平台的互连观测与探测技术，利用大型锚系海气观测浮标和漂流式海气观测浮标、滑翔器及无人船等移动观测平台，构建多手段、协同组网、高时空分辨率、网格化观测、数据实时通信等功能于一体的海气交互观测试验系统，实现对海-气界面关键要素的高时空分辨率、高精度感知；具有水面/水下目标智能探测和自主潜器的操控能力。

"深海星空"计划的目标是通过研发深海智能浮标、深海 Argo、长航程、大深度水下滑翔机、智能水下无人高速航行器等新型深海观测装备，构建智能通信、智能组网、智能探测的海洋物联网核心技术体系，使深海水体变透明。

"海底透视"计划的目标是发展对海底环境及海底物质成分识别、海底背景和异常地球物理场探测重大前沿技术体系，形成海底观探测技术能力，建设以勘测海底过程、重塑海底环境、探测深海目标为目的的海底观测技术示范系统，为环境和目标的立体监测提供基础平台和技术系统。融合海底观测网、水下通信、导航定位、智能充电、海底接驳等技术，构建从海底向水体的智能探测网。

"深蓝大脑"计划的目标是发展海洋高分辨率模拟器、人工智能与大数据技术，建设"海洋物联网"中枢系统，完成"海洋物联网"技术体系构架；研发智能超算与控制平台，建设全球亚公里级透明海洋智能模拟器，实现对未来透明海洋系统的智能自驱动、自发现和自演进。

"透明海洋"是指针对特定海区，实时或准实时获取和评估不同空间尺度海洋环境信息，研究其多尺度变化及其气候资源效应机理，并以此为基础，预测未来特定一段时间内海洋环境、气候及资源的时空变化。它是一个大科学计划，需要分步骤、有序推进，要从透明陆架海、透明南海，向透明西太平洋—印度洋以及南大洋和两极推进。通俗讲"透明海洋"就是通过建立海洋立体观测系统，获取海洋环境综合信息，建立预测系统，掌握海洋环境变化，实现目标海域"看得清、查得明、报得准"。

目前，国际上已经建立了覆盖全球的海洋 Argo 计划浮标观测网，这为海洋资料的获取提供了重要的平台。科学家在自己的办公室就可以知道全球海洋水深 2000m 以上发生的变化。Argo 计划浮标观测网在全球布放了约 4000 个浮标，其中大部分来自发达国家，我国的贡献大约为 200 个。现在的 Argo 计划只能观测到海平面下 2000m，因此国际上正在酝酿第二轮 Argo 计划，向 2000m 以下的深海拓展。这不仅是挑战，更是一次难得的机遇。我国应抓住机遇，发展深海观测技术特别是面向全球深海大洋的移动观测技术，以抢占深海大洋研究的制高点，实现我国深海大洋研究跨越式发展。

气候长期预测是长期而艰巨的任务，离不开海洋科学的支撑。我国的深海大洋研究起步晚，基础较为薄弱，有很长的路要走，要将其融入国家发展战略，融入"一带一路"规划中，推进我国海洋强国建设，提高气候预测能力，增强我国在气候国际谈判中的话语权。鉴于人类对 2000m 以下的海洋的了解多局限于"点和线"，不够全面和立体，希望通过"透明海洋"工程，可以把 2000m 以下海洋看通看透。

2.4　海洋腐蚀与防护

2.4.1　海洋腐蚀

海洋资源的开发和利用是国民经济发展的一个新的增长点。随着海上运输、滨海旅游、港口码头、油气开发、海水能利用、海水淡化等海洋产业的兴起和发展，需要建造大量海上金属结构物，如舰船、潮汐发电设备、海底管线、栈桥码头、海上油气钻采平台等。由于海洋严酷的腐蚀环境，海洋腐蚀一直是困扰海洋开发的重大难题。海洋环境下，工程材料的腐蚀和生物污损问题已成为严重制约重大海洋工程技术和装备发展的技术瓶颈之一，其失效问题更是严重影响海洋工程装备的可靠性和寿命。

海洋腐蚀是构件在海洋环境中发生的腐蚀。海洋环境是一种比较复杂的腐蚀环境。海洋环境中，海水本身就是强腐蚀介质，同时又受到波、浪、潮、流产生的低频往复应力和冲击力，再加上海洋微生物、附着生物及它们的代谢产物等都对腐蚀过程产生直接或间接的加速作用。

处在大气、海水及海底泥土各不同环境区域的金属材料将有着不同的腐蚀机理、过程以及腐蚀速度，对应采取的防腐措施要求也将不同，一般可将各不同腐蚀环境区域分为海洋大气区（atmospheric zone）、浪花飞溅区（splash zone）、海水潮差区（tidal zone）、海水全浸区（immersion zone）、海底泥土区（sea mud zone）五个区段（图2.3）。

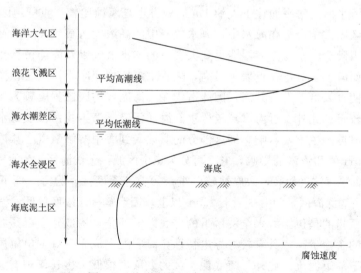

图2.3　海洋环境下腐蚀区域示意图

海洋大气区是指浪花飞溅区以上的大气区域和沿岸大气区域。一般是指高出海平面2m以上的部分，波浪打不到，潮水也无法淹没的地方。它的腐蚀因素虽然与内陆的大气腐蚀因素比较类似，但是由于海上的湿度通常高于大陆，因此它的腐蚀环境就要比一般的大气腐蚀严重些。在海洋大气区中的金属材料常年接触不到海水，但影响因素众多。如海上湿度高，金属表面的水分含量加快了金属腐蚀的速度。大气中的尘埃落在金属表面上时起加速金属表面腐蚀的作用，尤其是引起金属的点蚀。吸附在金属上的海盐颗粒会造成严

27

重的海盐腐蚀，海洋大气中的盐雾落在金属上亦加速金属的腐蚀。另外，大气中含有的 SO_2 亦会加快金属的腐蚀。

位于海洋大气区下的浪花飞溅区是指平均高潮线以上海浪飞溅所能润湿的区段。一般指高出海平面 $0\sim2m$ 的部分，常常会受到海水波浪飞沫冲击的地区。该区域经常受到海水波浪的飞溅喷洒，但海水涨潮不能浸没到该区域。由于受到海水浪花的不断冲击破坏和阳光照射，氧气供应又很充足，氧气的去极化作用促进了钢的腐蚀，同时，浪花的冲击有力地破坏了保护膜，使之成为许多金属材料腐蚀最为严重的区域，材料更易受到破坏。如对于碳钢，此处造成的腐蚀速度约为其在海水全浸区的 5 倍。中国船级社《浅海固定平台建造与检验规范》（2004）中给出的飞溅区范围为最高天文潮位以上波高的 2/3 到最低天文潮位以下波高的 1/3 区域，认为在该区域的海洋平台构件应适当考虑腐蚀裕量。浪花飞溅区是海洋腐蚀的重灾区，防腐难度大，成为海洋防腐的一个重大研究课题。目前国内外广泛采用防护（腐）套包覆以应对，使用硫化橡胶、玻璃钢、聚氯乙烯带等进行包覆保护，这种防腐措施安装工艺简单和经济，技术成熟，防腐寿命长并且效果好。

海水潮差区位于海水平均高潮线与平均低潮线之间，该区域随潮汐的升降发生周期性的干湿变化。此处存在海洋生物的浮着污损，又有充足的氧气，金属腐蚀也较为严重。从理论上说，海水平面由于氧气的供应不均匀，在水面上下造成了氧气浓差，水线上下形成大型的氧气浓差电池。空气中部分氧气供应最充分，故为阴极保护，腐蚀较小；恰好浸在海水线下的部分为阳极，腐蚀极其严重。但因海浪和风的冲击，干湿边界瞬时变化，因此总的来说，从海平面到海平面往下大约 1m 的地方也是腐蚀比较严重的地区之一。

海水全浸区则常年浸泡在海水中，海水成分中的高浓度溶解氧及 Cl^- 成为造成金属严重腐蚀的主要因素。由于海洋表层能得到大气中的丰富氧气以及海洋植物在光合作用下产生大量氧，因而海水含氧量在近表层最高，随着水深增加而减小，只是在洋底由于来自极地的高含氧水使含氧量又有所升高，因此造成在浅海区域的腐蚀程度较为严重，而在深海区的腐蚀程度较轻。此外，近海区域较严重的海洋污染、海生物污损及海水流动、海洋水温等都对金属腐蚀产生重要影响。即这部分的腐蚀受到海中溶解氧气、盐浓度、流速、水温、海生物、pH 值和流沙的影响，它又可分为三个区域：①浅海区，为自海面至海平面下 50m 处，因溶解氧气浓度较高，故腐蚀较严重；②中等深度区，为海平面下 $50\sim200m$ 处，腐蚀程度中等；③深海区，为海平面下 200m 以上，因溶解氧气浓度较低，程度较小。

海底泥土区指的是位于海水全浸区下的海底以下部分，构成物主要是海底沉积物。由于海底沉积物的含盐量高，具有较好导电特性，海底泥土成为良好的电解质，使金属产生腐蚀程度要高于陆上泥土。此外，海底泥土区的氧浓度很低，生长繁殖有厌氧的硫酸盐还原菌等细菌，它们的代谢产生物硫化氢等有强腐蚀性，对金属会造成点蚀、缝隙腐蚀等多种局部腐蚀，生物腐蚀是缺氧环境的海底泥土区金属（如海底管道等）的主要腐蚀因素之一。和其他区域相比，海底泥土区腐蚀程度相对较轻。

海水是一种多种组分的水溶液，溶解有多种无机盐类，平均盐度约 35，这使得海水成为天然的强电解质，具有导电的特性。海洋中的金属材料在与环境之间发生化学或电化学相互作用中会引起材料的破坏或变质，发生金属腐蚀现象。

金属腐蚀的结果将使得金属材料发生生锈、开裂、变薄、局部穿孔等现象，使材料的强度降低，使用寿命缩短，甚至结构断裂而遭到破坏。与此同时，伴随着各种海洋环境荷载的交互作用，腐蚀将引起海洋结构物产生疲劳裂纹等损伤，降低结构物抵抗环境荷载的能力，影响海上作业安全。因此，腐蚀过程对海洋工程结构物的安全和经济成本构成重要影响，降低腐蚀速度就可延长结构物的使用寿命，并减小昂贵的维修费用，因而为了保证结构物的安全和使用寿命，在设计阶段对结构构件进行防腐是设计必不可少。

腐蚀的发生遍及各行业，是对自然资源的极大浪费。据资料介绍，世界上每年因腐蚀造成的经济损失量惊人，甚至超过火灾、风灾、水灾和地震等自然灾害造成的损失总和，占到国民生产总值的 $2\%\sim4\%$。而各类海洋工程装备如跨海大桥、海港码头、海底电缆、船舶和海上平台等由于所处的海洋环境因素，腐蚀现象更严重也更复杂，尤其要重视防腐以确保这些装备结构的安全和正常运行。

造成金属材料在海水、海洋大气及海底泥土中发生腐蚀现象的环境因素，主要有化学因素、物理因素和生物因素。

化学因素的作用主要体现在海水中的溶解氧含量、含盐量及电导率等方面。溶解氧含量是影响海水腐蚀速率的重要因素，根据氧的作用可将金属分为活性金属（非钝化金属）和钝化型金属。对于前者，如铸铁、碳钢和低合金等，溶解氧含量越高则造成的金属腐蚀将越严重。反之，对于后者，如不锈钢、铝、钛等，溶解氧有利于金属表面钝化膜的形成和维护，低浓度的溶解氧反而不利于钝化膜的形成而导致腐蚀。海水具有的高含盐量则直接影响海水的电导率和含氧量，进而对腐蚀产生影响，海水的电导率增加将加速金属材料的腐蚀。而 Cl^- 能破坏大多数金属，如钢、铸铁、锌等表面的氧化膜，使之在海水中无法钝化，加速了局部腐蚀。海水的 pH 值几乎不直接影响金属的腐蚀。一般情况下，海水的 pH 值越高，越有利于减少海水对钢铁的腐蚀，但实际海水的 pH 值变化小，它对金属腐蚀的影响也小。

影响腐蚀的物理因素有海水流速、波浪、潮汐、温度等，它们影响到溶解氧的供给。有的金属是流速高时耐腐蚀性较好，如不锈钢等；有的则流速低时耐腐蚀性好，如铜合金等。对于钢铁则不论海水流速的快慢都将使腐蚀速度加快，这是因为海水中的高浓度使得钢铁不论流速大小都建立不了钝态。此外一定高速的流速还将产生冲击磨蚀等多种腐蚀现象，使金属的腐蚀速度加快。飞溅的浪花供氧充足，并且在金属表面产生冲击磨损，破坏其上的保护膜和涂层，导致部分非钝化金属的腐蚀加重。潮汐的涨落将使得靠近海面的大气中有大量的水分和盐分，再加上有充足的氧气，它们加剧了金属的腐蚀。海水水温的升高对腐蚀起着加速的作用，但影响过程复杂。

在海洋金属上还附着有一些海洋生物，包括某些海洋动物、植物和微生物（如硫酸盐还原菌等），它们会在金属表面生长繁殖，产生腐蚀性物质或促进电化学腐蚀，在钢结构表面造成点蚀和缝隙腐蚀等局部腐蚀，其代谢物及尸体分解物中含有的硫化氢等酸性成分亦对金属的腐蚀起着加速的作用。某些海洋附着生物在生长过程中还能穿透金属表层的保护层，直接破坏保护涂层，引起严重的腐蚀。

实际工程中，金属的海洋腐蚀受到许多因素的共同影响，是一个复杂的过程。针对不同的金属材料和结构物不同的工况环境，其腐蚀会呈现不同的规律，需要具体情况具体分析。如航行船舶的水线上下干湿交替区域，受到海水和大气的交替作用以及漂浮污染物等多方面腐蚀因素的影响，造成船体外壳腐蚀很严重。船底部位则因附着有海洋生物，涂层会被附着生物侵入遭到破坏而腐蚀严重。船首受到很大的水动力作用，船尾受到螺旋桨的强大水流冲刷作用等都促使这些部位的腐蚀加速。

2.4.2 金属的防腐保护

海洋环境中的金属腐蚀有各种形式，它们与结构设计形式、工况条件和环境因素等有关，可大致分为以下几类。

若腐蚀是大致以同样速度在整个金属表面上进行的则称为均匀腐蚀。这种腐蚀现象经常发生在空气中裸露的碳钢等金属构件上。

若只是在金属表面的局部区域内出现腐蚀小孔，然后向深处发展，而表面的其余部分没有明显的腐蚀现象，则称为点蚀。金属表面上的海盐颗粒或大气污染物会造成海洋大气中的金属发生点蚀。此外，金属表面有夹杂物、保护膜受损等缺陷也会引起金属的点蚀。不锈钢和铝等（钝性金属）较易发生点蚀。

在金属间或金属与非金属小缝隙内发生的局部腐蚀称为缝隙腐蚀。它由缝隙内的介质如海水和潮湿的海盐引起，通常在海水全浸区或浪花飞溅区最严重，影响到几乎所有的金属和合金。

海水流速的大小影响着金属的腐蚀，尤其是某些特定部位如管道弯头和海水出入口等在湍流状态下产生的腐蚀较严重。这种流动海水造成的冲刷腐蚀作用称为侵蚀或冲击腐蚀。

流体在与物体的高速相对运动中将产生涡流，并在金属表面伴随产生大量快速生成和破灭的气泡，不断反复进行的过程将使金属表面保护膜被破坏，产生蚀孔，并不断加深，这称为空泡腐蚀。

如果将两种不同金属暴露在海洋环境中并使之相互接触或连接，这时通常会产生严重的腐蚀，称为电偶腐蚀或接触腐蚀。此时的金属一个是阳极，另一个是阴极，腐蚀的速度一般取决于两者的电位差、极化行为以及相对面积大小。船舶在焊缝及铆钉处就容易发生对偶腐蚀。

金属材料尤其是高强度合金在各种应力和腐蚀介质的共同作用（力学-化学作用）下有可能会引起金属开裂腐蚀，这时造成的材料破坏往往很严重。当载荷为恒定应力时，这种破坏称为应力腐蚀开裂。当载荷为交变应力时，就称为腐蚀疲劳。

在海洋工程中，对金属的防腐保护措施广泛使用的有阴极保护法和海洋防蚀涂料法，两者联合防护方式非常有效而被广泛使用。

阴极保护法是一种常用和有效的海洋金属材料防腐蚀控制措施，是海水全浸区及海底泥土区的主要防蚀方法，其工作原理是将处于电解质溶液中的金属结构进行阴极极化，使其电位向负的方向移动，从而使金属腐蚀得到抑制。根据提供阴极保护电流的途径不同，又分为牺牲阳极阴极保护和外加电流阴极保护两种方法。前者是通过将电负性金属（作为阳极）如特质的锌合金和铝合金与被保护的金属相连接，通过阳极材料的溶解消耗来提供保护电流。后者利用外部电源如整流器等来提供阴极保护所需的电流。两种方法有各自特点，需要根据具体的情况进行合理的选用。

海洋防蚀涂料法是一种古老的有效防蚀方法，一直得到广泛的应用。它既用在海洋大气区、浪花飞溅区、海水潮差区，同时用在海水全浸区，与阴极保护法一道对金属进行联合防腐保护。金属表面的涂层如同一层连续的保护膜，其作用一方面在于隔绝外界腐蚀介质如海水、氧气、Cl^-等与金属的接触，在两者之间形成一个高电阻，阻止其发生电化学腐蚀；另一方面，有的涂层还可起到阴极保护及钝化等防蚀作用。不同的海洋环境条件对不同部位的防蚀涂层有不同的要求。如用在海洋大气区中的涂层要求有优异的耐大气老化和盐沉积性能；用在浪花飞溅区和海水潮差区的涂层需要重涂，并能耐候性、耐磨损、耐冲击、耐化学腐蚀、耐干湿交替等。这些年随着海洋环境保护意识的提高和需要，过去经常使用的有毒涂料如铬酸盐涂料、环氧煤沥青涂料等因在操作中易对施工人员的身体健康造成伤害，并造成海洋环境污染而被要求改进、限制使用或禁用，无毒防蚀涂料的应用在上升。海洋平台的防蚀涂料使用环氧树脂和环氧聚酯，它具有突出的耐大气老化和耐石油化学品腐蚀性能等优点，尤其是在海洋环境中用于厚涂，具有很好的防腐蚀效果。厚涂聚氨酯、柔性环氧酚醛、聚氨酯和聚硅氧烷等各种适用于海洋工程腐蚀保护的新涂料不断被开发出来，高固体含量涂料或无溶剂涂料已研制并应用于海洋平台防腐。

在金属表面涂敷一层其他金属，如在钢铁上镀锌、镀镉和喷涂锌铝涂层等既能屏蔽外界腐蚀介质，又可作为牺牲阳极，起阴极保护作用，从而亦可达到防止金属腐蚀的目的。

提高材料自身耐腐蚀能力，在钢中添加 Cr、Ni、P、Cu、Mn 等元素可支持耐海水合金钢，以提高耐蚀性，使得其在海洋大气区及浪花飞溅区的被腐蚀速度降低，但对于金属中不同的成分组成及不同的使用环境会有不同的防腐效果。

此外，防腐蚀设计和合理的选材对解决金属结构物的腐蚀问题具有重要的作用，由于在设计阶段就采取了有效的措施，因此可以使许多潜在的腐蚀问题得到避免，取得事半功倍的效果。如钛及钛合金材料密度低、强度高、因耐海水腐蚀能力强而用于制造重要的海洋仪器设备。

增加构件厚度以考虑腐蚀裕量亦是工程界常用的预防长期海水腐蚀造成构件损坏的措施之一。在我国，《海上固定平台入级与建造规范》（1992）中就规定使用年限 30 年的平台结构在海水全浸区的腐蚀裕量不能小于 2mm。对于浪花飞溅区的平台结构，其腐蚀余量在南海海区不能小于 14mm，其他海区不小于 10mm。《海底管道系统规范》（1992）要求根据其操作温度来选择飞溅区立管管壁厚度的腐蚀裕量：2（$>20℃$）～10mm（$>100℃$）（适合两年的时间防护）。《浅海固定平台建造与检验规范》（2004）则建议海水全浸区和浪花飞溅区结构的腐蚀裕量不应小于 $n/15$（mm）和 $n/3$（mm）（n 为平台使用年限）。《海上浮动设施入级规范》（2023）规定结构构件的腐蚀裕量通过选取年腐蚀速率与涂层寿命来计算确定。

习　题

1. 什么是海岸带及组成？
2. 什么是生物海岸？
3. 海洋科学的理论研究体系包括哪些？简述其研究内容。
4. 什么是现代海洋技术？
5. 金属的防腐保护措施有哪些？

第3章 风

在地球的上空，大气循环流动，风无处不在，并随着四季的交替和不同的时日及所处高度等发生显著的变化，有着复杂的变化规律。人类很早就懂得借助风力使用风帆远航世界各地，并利用风力发电等造福人类。风的作用不仅于此，风还可以使地球上空的各处空气得到交换，带来水汽、热量和动量的交换，对整个地球大气的运动产生影响，并通过海气界面影响海洋和产生海浪、大洋环流等。但大风和风暴等也给人类带来了灾害，它的巨大能量具有极大的破坏力，所经之处，房屋、桥梁等各种结构物被毁或遭到破坏。风是常见的自然现象，它与人类的生活、生产密切相关，能被人们掌握利用，也能给人类带来灾难。历史上风给人类造成的巨大灾难屡见不鲜。

1965 年 11 月 1 日，在英国约克郡的费尔桥，有三个高达百米的冷却塔在大风中倒塌，引起工程界的极大震惊。据分析，倒塌的原因是设计中风压取值较英国风荷载规范中的规定低 24％。此后英国风压计算中风速的取值方法也做了相应调整，由原来采用的 1min 平均风速改为 3s 平均风速。1966 年 4 月 12 日，一艘意大利豪华邮轮在前往纽约途中遭遇到温带气旋产生的巨浪袭击，浪高达 6.1～7.6m，强大的海浪作用力使邮轮上层建筑发生弯曲，使驾驶台下方的舱壁内陷，并造成 3 人死亡、12 人受伤。1975 年 10 月 5 日，台风经过日本，风速达到 67.8m/s，东京市 43％的电线杆被刮倒或刮断，八丈岛约 60％的房屋被破坏，连设计能抵抗风速为 60m/s 的铁塔也在风中倒塌。1998 年，"米奇"飓风横扫拉丁美洲，造成该地区近万人丧生，受灾居民超过 250 万人，仅在洪都拉斯死亡人数就达 5000 多人。2002 年，50 年一遇的最猛烈的台风袭击了日本东京，至少造成 4 人丧生。2012 年 10 月，超级飓风"桑迪"于当地时间 29 日晚肆虐美国东部沿海城市，至少 48 人死亡。此次风暴给美国造成 200 亿美元财产损失，商业损失为 100 亿～300 亿美元。

由于各种类型的海上石油工程建筑物（如钻井船、平台、高耸的井架以及海上油管等设备）直接处于风力作用下，一次强大的风暴和它引起的巨浪就可以使海上建筑物遭受破坏。因此，风力荷载已成为船舶和海洋结构物设计中必须考虑的主要荷载因素之一。此外，为利用良好天气进行施工作业以及钻井船的拖航等，也必须了解工作海区的大风规律及特点，并通过分析强风向、常风向、统计大风日数、绘制风玫瑰图等方法，科学安排海上施工作业计划。

3.1 综　　述

3.1.1 风的特性

风是大气中空气的运动，空气从气压高处流向气压低处，即风是在气压梯度力的作用下产生的运动。地球表面存在温度差异，它带来的大气空气的气压差使气流发生流动而形成风，加上地球的自转运动就形成了地球上的风带。

　　自然界的风运动规律复杂，不同区域、不同地形、不同高度的风速具有不同的规律。比如在同样的天气形势下，由于表面摩阻效应的不同，海面上的风速要大于陆地地面上的风速，广阔平原的风速要大于高楼林立的都市中的风速。同理，不受地表摩阻作用的高空风速要大于地表处的风速。风还存在紊动性与阵发性，不同时间的风速也有不同的规律。

　　根据对风的大量实测资料分析发现，自然界的风速并非恒定不变，而是时大时小，总是围绕某个平均值在上下发生脉动的、不稳定的变化，而风的强度与脉动频率有关。即风的变化是个随机变化的过程，一般用统计分析方法来进行描述和分析，用风速频谱来描述其频谱特性，通过风速频谱分析可研究结构物在风速频谱作用下的动态响应。一种极端危险的情况是，如果结构物的固有自振频率与风速频谱中能量显著部分的频率接近时，可能会使结构物发生共振破坏。这种情况最容易发生在高耸结构物身上，而海洋结构物上多有诸如井架、立柱、桅杆等细长高耸构件，需在设计中对可能发生的动力放大效应多加以考虑。

　　在对风速的实测时历曲线中，风速成分主要由 10min 以上的长周期成分和几秒钟的短周期脉动成分组成，实用上一般对风的作用力研究可有两种处理。一种是把风近似当作平均风速处理，在一定时距内风速不随时间变化，只考虑其静力作用。还有一种是把风当作随时间随机变化的脉动风处理，考虑风的动力作用。

　　在海洋工程设计中，要收集和分析所在海域的多年风速资料，进行长期规律预测以确定多少年一遇的最大风速极值问题，考虑最大风速、常遇风速、风向和出现的频率特性，研究风的特性。

3.1.2　风的描述

　　风是个矢量，它既有大小又有方向，风向表示风的来向，气象上用 16 个方位来表示，如图 3.1 所示，也有的用 0°～360°方位度数表示。对风的测量和记录中包含了风速（wind velocity）和风向（wind direction）两个方面。

　　风速是表示气流前进的速度，常用单位为"m/s""km/h"。

　　风速资料通常由测风站测量获得。在陆地上，测风站一般设置在不受建筑物影响的空旷地点。目前，我国的风况观测大多使用自动记录的风向风速仪，该仪器包括感应器、指示器、记录器三部分。为了补充沿海观测台站的不足，国家海洋局要求在沿海航行的我国船只每日四次定时将所处海域的水文气象资料向岸上台站报告。在海上观测时，若无风速仪，常利用海面特征对风速进行目测，用罗盘测定风向。目测的风速用莆田风力等级表示。

　　为了工程规划设计的方便，常常将收集的测风资料进行统计整理，绘制成风况图，因其外形酷似盛开的玫瑰，又称风玫瑰图。风玫瑰图分为风向玫瑰图和风速玫瑰图。

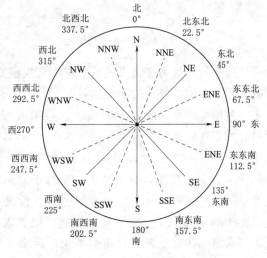

图 3.1　风向方位图

　　风向玫瑰图表示风向和风向的频率。风向频率是在一定时间内各种风向出现的次数占所有观察次数的百分比。根据各方向风的出现频率，以相应的比例长度，按风向从外向中心吹，描在用 16 个方位所表示的图上，然后将各相邻方向的断点用直线连接起来，绘成一个形式宛如玫瑰的闭合折线，就是风向玫瑰图，如图 3.2 中的虚线封闭曲线所示。封闭曲线上到中心的距离最大点的所在方向为风频最大方向，为当地主导风向；到中心距离最小点所在的方向为风频最小方向。

　　平均风速玫瑰图是根据某一时期同一个方向所测得的各次风的风速求出各风向的累计平均风速，并按一定比例绘制在风向方位图上，形成的封闭折线就是平均风速玫瑰图，如图 3.2 中的实线封闭曲线所示。

　　风玫瑰图有助于找出常风向（风速出现频率最多的风向，如图 3.2 中虚线曲线所示的 NNW 方向）与强风向（出现最大风速的方向，如图 3.2 中实线曲线所示的 NNE 方向）。

　　风向在天气形势图上还常用风向矢杆及尾部的风速标记来表达，如图 3.3 所示。风向矢杆指向风的来向，风向矢杆上的风速标记有小旗（20m/s）、长划（4m/s）、短划（2m/s）。

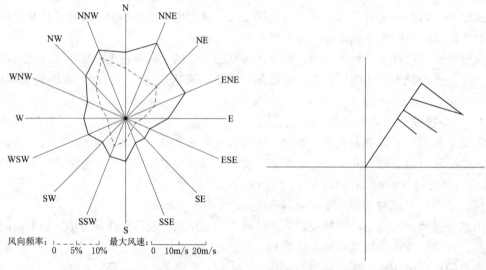

图 3.2　风向风速玫瑰图　　　　图 3.3　风向矢杆及风速标记

　　风速一般用风力等级来表示。风力等级根据所观测到的海况或陆地状况而定。关于风速的知识来自多种仪器的测量和目测。200 多年以前，风速没有测量的仪器，也没有统一规定，各国都按自己的方法来表示。英国海军上将弗朗西斯·蒲福（Francis Beaufort）通过仔细观察陆地和海域上各种物体在大小不同的风作用下的情况，积累了 50 年的经验，在 1805 年把风划成了 13 个等级。1874 年，国际气象委员会采纳这种风力等级表示。1926 年，国际气象委员会采纳了一个修正的标准，给出了与风力等级对应的位于海表以上 6m 高度的风速。1946 年，该风力等级标准再次被修改，同时修改后的标准给出了海面以上 10m 处于风力等级对应的风速。随着人们海上活动的增加，发现蒲福风力等级表已不能满足描述海上最大风速的要求，后来又将其补充了 5 级，扩展了 18 个风力等级，现在的蒲福风力等级表（Beaufort wind force scale）已是国际上统一使用的风力等级表，已发展有 18 个等级，在日常海浪气象广播预报中经常使用，见表 3.1。但此表仍然不能包括全部自然界中所出现的风，例如，龙卷风的风速可达 $100\sim200\text{m/s}$。不过龙卷风发生的范围很小，也比较少见。

表 3.1 风力等级及其名称

| 风力级数 | 名称 | 海面状况 | | 海岸船只征象 | 陆地地面征象 | 相当于空旷平地上标准高度 10m 处的风速 | | |
| | | 海浪 | | | | | | |
		一般高度/m	最高/m			n mile/h	m/s	km/h
0	静稳	—	—	静	静，烟直上	<1.0	0～0.2	<1.0
1	软风	0.1	0.1	平常渔船略觉摇动	烟能表示风向，但风向标不能动	1.0～3.0	0.3～1.5	1.0～5.0
2	轻风	0.2	0.3	渔船张帆时，每小时可随风移行 2～3km	人面感觉有风，树叶微响，风向标能转动	4.0～6.0	1.6～3.3	6.0～11.0
3	微风	0.6	1.0	渔船渐觉颠簸，每小时可随风移行 5～6km	树叶及微枝摇动不息，旌旗展开	7.0～10.0	3.4～5.4	12.0～19.0
4	和风	1.0	1.5	渔船满帆时，可使船身倾向一侧	能吹起地面灰尘和纸张，树的小枝摇动	11.0～16.0	5.5～7.9	20.0～28.0
5	清劲风	2.0	2.5	渔船缩帆（即收去帆之一部）	有叶的小树摇摆，内陆的水面有小波	17.0～21.0	8.0～10.7	29.0～38.0
6	强风	3.0	4.0	渔船加倍缩帆，捕鱼须注意风险	大树枝摇动，电线"呼呼"有声，举伞困难	22.0～27.0	10.8～13.8	39.0～49.0
7	疾风	4.0	5.5	渔船停泊港中，下锚	全树摇动，迎风步行感觉不便	28.0～33.0	13.9～17.1	50.0～61.0
8	大风	5.5	7.5	进港的渔船皆停留不出	微枝折毁，人行向前感觉阻力甚大	34.0～40.0	17.2～20.7	62.0～74.0
9	烈风	7.0	10.0	汽船航行困难	建筑物有小损（烟囱顶部及平屋摇动）	41.0～47.0	20.8～24.4	75.0～88.0
10	狂风	9.0	12.5	汽船航行颇危险	陆上少见，见时可使树木拔起或使建筑物损坏严重	48.0～55.0	24.5～28.4	89.0～102.0
11	暴风	11.5	16.0	汽船遇之极危险	陆上很少见，有则必有广泛损坏	56.0～63.0	28.5～32.6	103.0～117.0
12	飓风	14.0	—	海浪滔天	陆上绝少见，摧毁力极大	64.0～71.0	32.7～36.9	118.0～133.0
13	—	—	—	—	—	72.0～80.0	37.0～41.4	134.0～149.0
14	—	—	—	—	—	81.0～89.0	41.5～46.1	150.0～166.0
15	—	—	—	—	—	90.0～99.0	46.2～50.9	167.0～183.0
16	—	—	—	—	—	100.0～108.0	51.0～56.0	184.0～201.0
17	—	—	—	—	—	109.0～118.0	56.1～61.2	202.0～220.0

3.1.3　风的类型

风受大气环流、地形、水域等不同因素的综合影响，表现形式多种多样，如季风、山谷风、海陆风、城市风、热带气旋等。

1. 季风

大范围区域冬、夏季盛行风向相反或接近相反的现象，称为季风（monsoons）。即季风是大规模盛行风向随冬、夏季节发生显著交替转换的风系，因与季节转换有关而称为季风。季风一般发生在沿海及其附近地区，冬季的海洋为低压热源，大陆为高压冷源，这导致地面大规模的盛行风从大陆吹向海洋。夏季，海洋温度较低，而大陆温度较高，海洋出现高压或原有高压加强，大陆出现低压，使大范围气流由海洋吹向大陆。在某一固定地区，冬、夏季风风向相反，呈现出以年为周期的季风环流系统。这种海陆热力差异是引起风向显著变化，形成季风的主要原因，但不是唯一原因。此外，地球上行星风系的季节性变化，青藏高原大地形冬季时冷源、夏季时热源的季节性热力差异，也是影响季风形成的两个主要因素。

全球有 3 个季风区，分别是印度季风区、东亚季风区和西非季风区。我国处于东亚季风区，受季风影响明显，冬季季风来自西伯利亚，气流干冷，经渤海、黄海直到南海，夏季季风则由南半球的热带气流与印度季风槽的西南季风等汇集而成，从南海向北影响到黄海、渤海。随着季风盛行风向的交替变换，我国的天气气候有明显的季节变化。在夏季，我国盛行东南季风和西南季风，气候湿热、多雨。在冬季，我国盛行西北季风和东北季风，气候干冷、少雨，其他时期为季风转换季节。

2. 山谷风

山谷风是由于山谷与其附近空气之间的热力差异而引起白天风从山谷吹向山坡，夜晚风从山坡吹向山谷。白天，山顶接受太阳光照多，温度高，其附近空气的温度也高；山谷接受太阳光照少，温度低，其附近空气的温度也低。于是，谷底气压高，山坡气压低，谷底的空气则沿山坡向山顶补充，这样便形成了由谷底吹向山顶的风，称为谷

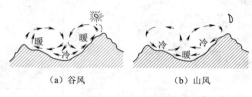

（a）谷风　　　　（b）山风

图 3.4　山谷风

风（valley breeze）。到了夜间，山顶散热快、温度低，山谷散热慢、温度高，形成了与白天相反的热力环流。此时，风则沿山坡由山顶吹向谷底，称为山风（mountain breeze）。山风和谷风总称为山谷风，如图 3.4 所示。

在晴朗的白天，谷风把温暖的空气向山上输送，使山上气温升高，促使山前坡的植物、农作物和果树早发芽、早开花、早结果、早成熟；冬季可减少寒意。谷风把谷地的水汽带到上方，使山上空气湿度增加，谷地的空气湿度减小。山谷风还可以把清新的空气输送到城区和工厂区，把烟尘和飘浮在空气中的化学物质带走，有利于改善和保护环境。同时，山谷风也可能会加剧空气污染，山谷风对污染物输送有明显的影响，特别是山谷风交替时，风向不稳，吹山风时排放的污染物向外流出，若不久转为谷风，被污染的空气又被带回谷内，可能导致山谷中污染加重。

3. 海陆风

海陆风（sea-land breeze）是因海洋和陆地受热不均匀而在海岸附近形成的一种有日

变化的风系。如图 3.5 所示，白天，地表受太阳辐射而增温，由于陆地土壤热容量比海水热容量小得多，陆地升温比海洋快得多，所以陆地上的气温比附近海洋上的气温高。由此产生水平压强梯度力，使得海面气流流向陆地，形成海风。海风从每天上午开始直到傍晚，风力以下午为最强。日落以后，陆地降温比海洋快，出现与白天相反的热力环流而形成陆风。

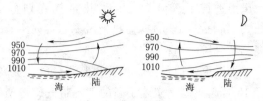

图 3.5　海陆风（单位：hPa）

　　海风和陆风虽然是同样的原理形成的，但是它们的大小还是有差异的，这是因为陆地和海洋在白天的温度差异比夜晚要大，所以海风一般比陆风要强不少，海风前进的速度最大可达 5～6m/s，大概有我们平时所说的 3～4 级风的大小，这时树枝轻轻摇动，地上的灰尘、树叶也会被吹起来，而陆风前进的速度最大值有 1～2m/s，大概只有我们平时所说的 1～2 级风的大小，我们能观察到树叶微有声响，面部有微风拂过，烟囱的烟发生偏斜，所以海陆风并不是一种非常剧烈的风，只有在其他气流微弱时，海陆风才能比较明显地显现出来。

　　此外，海陆风与季风的形成尽管都与热力差异有关，但两者不一样。前者是局地现象，而后者是大陆现象；前者是昼夜差异，后者是冬、夏季节差异引起。因而季风环流的时空尺度大，远比海陆风现象复杂。

　　4. 城市风

　　城市由于人类活动排放大量余热，形成"热岛效应"，从而在城市与郊区之间形成了热力环流，称为城市风，如图 3.6 所示。为保护城市大气环境，在城市规划时，要研究城市风的下沉距离。一方面将大气污染严重的工厂布局在城市风下沉距离之外，以避免工厂排放的污染物流向城区；另一方面，应将工业卫星城建在城市风环流之外，以避免相互污染。

图 3.6　城市风

　　5. 热带气旋

　　热带气旋是发生在热带海域洋面上的低压气旋性涡旋，在北半球它沿着逆时针方向旋转，在南半球它顺着顺时针方向旋转。

1989 年 1 月 1 日起，我国采用国际标准对西北太平洋的热带气旋依据其中心附近最大风力进行了等级划分，将热带气旋划分为热带低压（tropical depression）、热带风暴（tropical storm）、强热带风暴（severe tropical storm）和台风（typhoon）4 个等级，规范了台风的名称。

为了更好地预报、预警和监测台风，提高防御台风的能力和减少台风灾害，2006 年 6 月 15 日起我国又实施了新的"热带气旋等级"国家标准，将台风等级加以细分，增加了强台风（severe typhoon）和超强台风（super typhoon）两个等级，使热带气旋的划分有了 6 个等级。其具体划分内容为：热带气旋中心附近的最大平均风力小于 8 级，最大风速小于 17.2m/s 的定义为热带低压；热带气旋中心附近的最大平均风力为 8~9 级，最大风速为 17.2~24.4m/s 的定义为热带风暴；热带气旋中心附近的最大平均风力为 10~11 级，最大风速为 24.5~32.6m/s 的定义为强热带风暴；热带气旋中心附近的最大平均风力在 12~13 级，最大风速为 32.7~41.4m/s 的定义为台风；热带气旋中心附近的最大平均风力为 14~15 级，最大风速为 41.5~50.9m/s 的定义为强台风；热带气旋中心附近的最大平均风力在 16 级及以上，最大风速不小于 51.0m/s 的定义为超强台风。

台风是东亚一带的称呼，在西印度群岛和大西洋一带称为飓风（hurricane），在印度洋称为热带风暴，在南半球称为热带气旋。

各地区对台风的命名采用不同的方法。2000 年 1 月 1 日起，西北太平洋地区的热带气旋采用特定命名表上的名字取名，并规定按其排名顺序年复一年地重复循环采用。该命名表由 WMO 所属台风委员会的 14 个国家和地区提供的 140 个亚洲名字组成。每个名字都有四位数的编号，前两位数表示年份，后两位数表示其出现的先后顺序。如 2006 年出现的第一个热带气旋"珍珠"的编号为 0601 号，第二个"杰拉华"的编号为 0602 号，余者依此类推。特殊情况下也有将某些名字从命名表中"退休"，另取一个新名替换它。如 2005 年 10 月登陆的台风"龙王"给我国东南沿海造成重大灾害，为此，世界气象组织决定"龙王"名字永不续用，而由我国再次申报新的台风名字"哪吒"以取代它。

台风是在热带海洋上空产生的一种大规模的、强烈的热带低压气旋，多集中发生在 7—10 月（北半球）和 5°~10° 的纬度范围内，北太平洋的西部和东部、北大西洋西部、孟加拉湾、阿拉伯海、南太平洋西部、南印度洋的东部和西部是台风产生的 8 个主要海区，且又以发生在北太平洋的西部的最多。

热带气旋的形成与热带海洋上发生的巨量蒸发有关，大量的热量和水汽通过海气界面释放给了大气，促使热空气不断上升并在高层流出，周围的冷空气不断从低层流入补充，并在地转偏向力的作用下形成低压气旋性大涡旋，随着气旋强度的增大，热带气旋发展成台风。

成熟的台风主要有台风眼、眼壁和螺旋云雨带等结构特征，风速沿经向变化可分为外、中、内三圈。外圈自台风边缘至台风最大风速区的外缘，半径为 200~300km，圈内风速里大外小；中圈从风眼壁至最大风速区外缘，半径约为 100km，又称为气流急剧旋转区；内圈为台风风眼壁圈，半径为 5~30km，该区域内风速自外向内迅速递减，直至为 0，内圈又称为风眼。台风眼处几乎无风，气压值很低，一般低于 960hPa，台风眼的形成是由于台风内的风是反时针方向吹动，使中心空气发生旋转，而旋转时所造成的离心力，与向中心旋转吹入的风力互相平衡抵消，而使强风不能再向中心聚合，因此形成台风中心数十公里范围内的无风现象，而且因为有空气下沉增温现象，导致云消雨散而成为台风眼；眼壁处主要是一些高大对流云做强烈上升运动，产生狂风暴雨；螺旋云雨带区的对流活动也显著，伴随着大风和阵雨。

台风直径一般为 600～1000km，台风气旋中心的移动速度为台风的移动速度，在受到大气层及地面的摩擦作用下，台风能量会逐渐衰减，移动速度也将减小，并最终消失，台风的生命期通常为 3～8d。台风中心附近最大风速可达 60～100m/s，运动路径变化无常，因而台风是一种灾害性天气系统，常伴有大风、暴雨、狂浪、风暴潮。台风所经之处，房屋倒塌、堤岸被毁、洪水泛滥，同时往往强降水还带来泥石流、山体滑坡等次生灾害，造成重大的人员伤亡和巨大的经济损失。借助雷达、卫星、探测飞机等对台风进行综合探测，完善台风监测手段，准确与及时地预报台风的经过路径与登陆地点、台风的强度和降水量等将能有效地减轻台风灾害。

热带气旋是一种破坏性极强的海洋天气系统，也是影响我国的主要灾害性天气系统之一。登陆我国的热带气旋来自西北太平洋的热带洋面及我国南海，在向我国移动的过程中逐渐加强并大多最后发展成为台风。因而我国沿海一带每年都要遭受热带气旋的袭击，其中尤以登陆广东、福建和台湾三省的热带气旋次数为最多，常发生在 5—10 月间，尤以 7—9 月间发生最频繁。

热带气旋以强风、暴雨和风暴潮 3 种方式造成的灾害最大，海洋中伴随产生的巨浪亦严重影响海洋工程结构物的正常作业和生存安全，会造成人民生命财产的巨大损失。

历史上强台风多次登陆我国，并深入内陆，带来严重的洪涝灾害和风暴潮灾害。如超强台风"利奇马"（super typhoon Lekima）于 2019 年 8 月 7 日 5 时许被中央气象台升格为台风，8 月 7 日 23 时许被中央气象台进一步升格为超强台风，并继续向西北方向移动，向浙江沿海靠近，并于 8 月 10 日 1 时 45 分许在浙江省温岭市城南镇沿海登陆，登陆时中心附近最大风力有 16 级（52m/s），这使其成为 2019 年以来登陆我国的最强台风和 1949 年以来登陆浙江第三强的台风；随后其纵穿浙江、江苏两省并移入黄海海面，又于 8 月 11 日 20 时 50 分许在山东省青岛市黄岛区沿海再次登陆，登陆时中心附近最大风力有 9 级（23m/s），此后其移入渤海海面并不断减弱，于 8 月 15 日消失。截至 2019 年 8 月 14 日 10 时，"利奇马"共造成我国 1402.4 万人受灾，57 人死亡（其中浙江 45 人、安徽 5 人、山东 5 人、江苏 1 人、台湾 1 人），14 人失踪（浙江 3 人、安徽 4 人、山东 7 人），209.7 万人紧急转移安置，直接经济损失 537.2 亿元人民币。2006 年 8 月 10 日，在西北太平洋洋面上生成的 0608 号超强台风"桑美"（Saomai）在浙江省苍南县登陆，中心附近最大风力达 17 级（60m/s），是近 50 年来登陆我国最强的一次台风，造成浙江、福建沿海特大风暴潮灾害。同年的 1 号台风"珍珠"、4 号台风"碧利斯"（Bilis）、6 号台风"派比安"（Prapiroon）等也给福建、浙江、广东、广西沿海省（自治区）造成严重损失。9711 号台风"温妮"（Winnie）在 1977 年 8 月 18 日登陆浙江温岭，登陆风力达到 40m/s，沿途自南到北袭击了福建、浙江、上海、江苏、安徽、山东、河南、河北、天津、辽宁、吉林等省（直辖市），并在浙江沿海引发特大风暴潮，造成人员重大伤亡和 308 亿元重大经济损失。

对台风开展研究是减灾防灾的重要方面，在我国热带气旋业务预报中已开始有热带气旋数值预报方法和以统计技术和统计动力相结合的技术为基础的热带气旋客观预报方法，并在不断改进发展之中。但由于热带气旋受自身结构及地形变化影响大，引起其路径摆动、移向突变等异常运动特征，再加上难以得到台风中心区域的观测资料等，给热带气旋预报增加了许多难处。

3.2　大气压强和大气运动

3.2.1　大气压强

风速的大小及其方向变化受到气压梯度力、地转偏向力、离心力和摩擦力的综合作用影响。

地球大气中含有多种气体成分，氮气约占 78%，氧气约占 21%，氩、二氧化碳等其他气体约占 1%，同时含有水汽以及一些悬浮微粒，在它们的重力作用下产生了对地面的大气压力，地球各处的大气压力不同就形成了大气压强场，简称气压场。大气压强就是指单位面积上从某观测高度到大气上界的垂直空气柱的重量，常用单位有帕（Pa）和百帕（hPa），其中 $1Pa = 1N/m^2$。气象中常用到的一个标准大气压是指温度为 0℃ 时，位于 45°纬度的海平面气压，其值为 1013.25hPa 或 760mm 水银柱高。

因重力随纬度发生变化，大气气压亦受到所处纬度的影响，并与温度亦有关，同时随高度的变化明显。气压的分布变化在气压图上可用等压线（isobar）表示，等压线越密则表示风速越大。

由于地表各处的大气压力分布不均匀，就会产生气压梯度力（pressure gradient force），从而推动周围大气水平流动。单位质量空气微团受到的气压梯度力为

$$G = -\frac{1}{\rho} \nabla p$$

方向与等压线垂直，由压力高处指向压力低处。大气大尺度运动的一个重要特点就是垂向近似满足静力平衡，基本上是在做水平方向运动，此时的气压梯度水平力虽然数值很小，却是推动大气水平运动的主要作用力。

在实际应用中，海平面的气压值由观测得到，在气压图上借助等压线就可勾画出高低不同气压的分布区域，对水平气压场进行描述。当相邻区域的气压值相差大时，气压图上的等压线表现密集，说明气压梯度陡，将产生较强的风。

3.2.2　大气运动

大气运动的一个显著特点是受到由于地球旋转产生的地转偏向力（deflection force of earth rotation）的作用，其效果与大气运动的尺度成正比。因而对中、大尺度的大气运动产生影响。

地转偏向力是由法国数学家科里奥利（Coriolis）于 1835 年发现的，所以又称为科氏力（Coriolis force）。它揭示的是在地球表面上做自由运动的物体会发生运动方向偏离，但不改变运动速度大小的现象。

对于任一方向的速度 V，矢量形式的地转偏向力为 $C = -2\omega V$，在北半球指向运动的

右方，南半球指向左方。

其水平分量的一般形式为

$$f_x = fv$$

$$f_y = -fu$$

其中

$$f = 2\omega \sin\psi$$

式中：f 为科氏参量；ω 为地球绕地轴自转的平均角速度，rad/s，其大小按恒星日计算，其值为 $\omega = 7.292 \times 10^{-5} \text{rad/s} = 2\pi/(1$ 恒星日$)$。

在大气运动中，地转偏向力垂直作用于气流的运动方向，它只使气流运动方向发生改变，但并不改变气流运动速度的大小，即上式中，其大小与物体的运动速度成比例，并随纬度发生变化。在北半球，受地转偏向力的作用，北风变成了东北风，南风变成西南风，热带气旋与龙卷风等大气涡旋总是沿逆时针方向旋转。

在不计海陆分布和地形起伏的影响下，大气低层盛行风带总称为大气风系。大气风系表现为在南、北半球两个副热带高压带之间的低纬度盛行信风，其中北半球为东北信风带，南半球为东南信风带，两信风带之间是赤道低压带。在副热带高压带和副极地低压带之间的中纬度为盛行西风带。在副极地低压带和极地高压带之间的高纬度盛行极地偏东风，其中北半球为东北风带，南半球为东南风带。

大气风系是大气环流的组成部分。太阳辐射是大气环流的动力，地球自转和公转是大气环流运行的基本影响因素。赤道地区接受太阳辐射最多，海表上空的空气受热上升，地面气压降低形成赤道低压带。受热空气上升到一定高度便向高纬度地区流去，由于地转偏向力（科氏力）的作用产生向东分速度，纬度越高向东分速度越大，造成空气质量的水平辐合、堆积和向地面下沉，引起地面气压升高。在副热带高空的水平辐合最强，地面形成高压。

副热带高压的空气在地面辐散，由于地转偏向力作用，流向低纬度的气流在北半球成为东北信风，南半球成为西南信风。这一经向垂直环流圈称为哈德莱环流圈，信风是其低层气流。由于空气连续的原因，地面副热带高压向高纬度地区流去的气流，因地球自转，称为盛行的西风带，它与极地高压引起的偏东气流交汇成为极锋，然后空气辐合上升，在 60°N 和 60°S 附近形成低压带，即为副极地低压带。上升空气到一定高度后又向南、北流去，向南流去的空气在副热带下沉。这一经向垂直环流圈即为费雷尔环流圈，地面盛行的西风带是其低层气流。在极锋上空向高纬度流去的气流，因地转偏向力作用成为西南风，在极地下沉形成极地高压，与地面高压流出的偏东气流组成为极地环流圈，地面偏东气流是这个经向环流圈的低层气流。

上述风系是在平滑和性质均一表面的行星条件下和在自转球形的地转偏向力作用下形成的。由于地球表面并不平滑，性质也不均一，特别是北半球，地势起伏大，海、陆相间对比明显，同时由于在不同季节存在于海洋和大陆上的大气活动中心的性质及其位置的不同，因而行星风系常遭破坏，使其不能连续围绕地球，并具有季节变化和局部变化。

大气环流一般是指具有全球规模的、大范围的大气运动现象，既包括平均状态，也包括瞬时现象，是水平尺度在数千千米以上，垂直尺度在 10km 以上，时间尺度在数天以上的大气大范围运动状态。某一大范围的地区（如欧亚地区、半球、全球）、某一大气层次（如对流层、平流层、中层、整个大气圈）在一个长时期（如月、季、年、多年）的大气运动的平均状态或某一个时段的大气运动的变化过程都可以称作大气环流。

大气环流是完成地球—大气系统角动量、热量和水量的输送和平衡，以及各种能量相互转换的重要机制，同时又是这些物理量输送、平衡和转换的重要结果。因此，研究大气环流的特征及其形成、维持、变化和作用，掌握其演变规律，不仅是人类认识自然不可缺少的重要组成部分，而且还将有利于改进和提高天气预报的准确率，有利于探索全球气候变化。大气环流通常包括平均纬向环流、平均水平环流和平均经向环流三部分内容。

平均纬向环流指大气盛行的以极地为中心并绕其旋转的纬向气流，这是大气环流的最基本的状态。对流层平均纬向环流而言，低纬度地区盛行东风，称为东风带（由于地球旋转，北半球多为东北信风，南半球多为东南信风，故又称为信风带）；中高纬度地区盛行西风，称为西风带（其强度随高度增大，在对流层顶附近达到极大值，称为西风急流）；极地还有微薄的弱东风，称为极地东风带。地球上的风带和湍流由上述 3 个对流环流圈所推动，即低纬度哈德莱环流、中纬度的费雷尔环流以及高纬度的极地环流。有时候同一种环流（譬如低维度的环流）可以在同一纬度（如赤道）有数个同时存在，随机地随时间移动、互相合并与分裂。为了简单起见，同一种环流通常当作一个环流处理。

平均水平环流指在中高纬度的水平面上盛行的叠加在平均纬向环流上的波状气流（又称平均槽脊），通常北半球冬季为 3 个波，夏季为 4 个波，3 波与 4 波之间的转换表征季节变化。

平均经向环流指在南北向沿经圈的垂直剖面上，由大气经向运动和垂直运动所构成的运动状态。通常，对流层的经圈环流存在 3 个圈。如前所述，低纬度是正环流或直接环流（气流在赤道上升，高空向北，中低纬下沉，低空向南），又称为 Hadley 环流；中纬度是反环流或间接环流（中低纬气流下沉，低空向北，中高纬上升，高空向南），又称为 Ferrel 环流；极地是弱的正环流（极地下沉，低空向南，高纬上升，高空向北），如图 3.7 所示。

大气环流对全球高低纬度间的热量和水分起着输送的作用，与洋流一道影响和调节着地球气候。如果大气环流出现异常，全球气候也将出现异常情况，如异常的降水和冷暖、严重的干旱和洪涝、持续的严寒等。

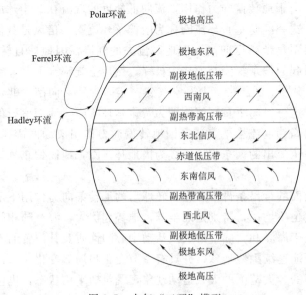

图 3.7 大气"三环"模型

3.3 风对结构物的作用力

自然界的风速不是恒定不变的，大量实测风速资料的统计分析已证明了这一点。它既有长周期成分，又有短周期成分，前者一般在 10min 以上，后者通常就几秒左右。风速存在围绕其平均值的脉动变化，即有频谱特性，本质上是动力的。结构物在风的作用下将发生振动，产生变形和引起结构的疲劳（fatigue）破坏。

但从工程实用目的出发，可把风分为平均风和脉动风分别进行计算分析，前者的作用属静力性质，后者的作用属动力性质，从而可分别采用静力理论和动力理论近似处理风的作用荷载。

3.3.1 风压力及风作用力

1. 基本风压及风荷载计算

平均风即恒定风速下的结构受力相当于静力，并且风速越大，对结构物的作用压力也越大，风速与风压之间存在对应的关系式。由伯努利方程可导得单位面积的风压力为

$$p_0 = \frac{1}{2}\rho V^2 = \frac{1}{2}\frac{\gamma}{g}V^2 \tag{3.1}$$

式中：ρ 为空气密度，kg/m^3；V 为风速，m/s；γ 为空气重度，N/m^3。

式（3.1）表示风速与风压的基本关系。若取 $g = 9.8m/s^2$，空气重度 $\gamma = 12.01N/m^3$，则基本风压值可表示为

$$p_0 \approx 0.613V^2(N/m^2) \approx \frac{V^2}{1630}(kN/m^2) \tag{3.2}$$

将基本风压沿作用物体的表面积分就可求得风压合力，平均风压力下的风荷载一般表达式为

$$F = Cp_0A = C\frac{1}{2}\rho V^2 A \tag{3.3}$$

式中：C 为气流作用力系数；A 为受风面在垂直风向上的投影面积。

对于海洋工程中常见的柱体构件，如竖直圆柱，作用在其上的风压荷载可分解为与风向一致的拖曳力和垂直于风向的横向力，如图 3.8 所示，图中 D 为圆柱体直径。前者可近似看作是平均风场对结构物的静力作用，后者表现为由涡流场变化引起的动态作用力。

拖曳力是迎风面受到的风阻力，其计算公式为

$$F_D = C_D\frac{1}{2}\rho V^2 A \tag{3.4}$$

式中：C_D 为拖曳力系数。

横向力是由于柱体后部的空气绕流产生分离，从而产生不对称的漩涡，这种由漩涡产生的左右不对称流场就引起了与空气流动方向垂直的横向力。对于水平构件，

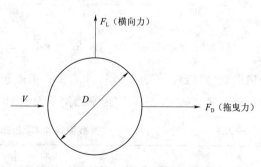

图 3.8 结构受风力作用示意图

它表现为升力。升力的计算公式为

$$F_L = C_L \frac{1}{2}\rho V^2 A \tag{3.5}$$

式中：C_L 为横向力系数，随 Re 变化，可根据构件的断面形状查表得到。

表 3.2 为部分国家船级社给出的 C_D 设计推荐值。

表 3.2　　　　　　　　　　部分国家船级社给出的 C_D 设计推荐值

构　　件	C_D			
	美国船级社	中国船级社	挪威船级社	法国船级社
球形	0.40	0.40		
圆筒形	0.50	0.50	0.20（$D \leqslant 0.3\mathrm{m}$） 0.70（$D > 0.3\mathrm{m}$）	0.60
船体（大的平面结构）	1.00	1.00		1.00
甲板室	1.00	1.00	1.50	1.00
钢索	1.20	1.20		
井架	1.25	1.25		
裸露的梁和桁架	1.30	1.30		
独立的结构物	1.50	1.50		

不同类型构件的 C_D 值随 Re 不同而变化，如图 3.9 所示。

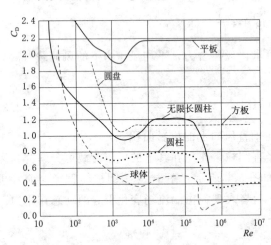

图 3.9　各类型构件 C_D 值随 Re 的变化

对于某些构件长度相比其断面尺度大很多的细长体圆形构件，如海洋工程结构物中的立管、旗杆、烟囱等，可根据其几何细长比 λ 选取 C_D 值，见表 3.3。

2. 海洋工程类设计与建造规范风荷载计算公式

（1）我国海上移动式平台规范中的风荷载计算公式为

$$F = C_h C_s S P \tag{3.6}$$

式中：C_h 为风中构件的高度系数，由构件高度（构件型心至设计水面的垂直距离）查表 3.4 得到；C_s 为风中构件的形状系数，可根据其形状由表 3.5 查得，或由风洞试验得到；S 为受风构件的正投影面积，m^2；P 为风压值，Pa，$P = 0.613 V^2$；V 为设计风速，$\mathrm{m/s}$，一般取为平均海平面上 10m 高度时距 1min 的平均风速值。

表 3.3　　　　　　　　　　圆截面构件 C_D 值随细长比 λ 的变化

λ	1	2	3	10	20	40	∞
C_D	0.63	0.69	0.75	0.83	0.92	1.0	1.2

式（3.6）已考虑到结构受风面积较大、构件形状各异、各点处于不同高度的情况，在公式中乘上形状系数和高度系数以求出某点的实际风压。

表 3.4 高度系数 C_h

海平面以上高度 h/m	C_h	海平面以上高度 h/m	C_h
0～15.3	1.00	137.0～152.5	1.63
15.3～30.5	1.10	152.5～167.5	1.67
30.5～46.0	1.20	167.5～183.0	1.70
46.0～61.0	1.30	183.0～198.0	1.72
61.0～76.0	1.37	198.0～213.5	1.75
76.0～91.5	1.43	213.5～228.5	1.77
91.5～106.5	1.48	228.5～244.0	1.77
106.5～122.0	1.56	244.0～256.0	1.79
122.0～137.0	1.60	256.0 以上	1.80

表 3.5 形 状 系 数

构 件	C_s	构 件	C_s
球形	0.40	钢索	1.20
圆柱形	0.50	钻井架	1.25
大的平面板（船体、甲板室等）	1.00	甲板以下暴露的梁和桁材	1.30
甲板室群或类似结构	1.10	孤立结构（起重机、梁等）	1.20

（2）我国浅海固定平台建造与检验规范的风荷载计算公式为

$$F = KK_z P_0 A \tag{3.7}$$

式中：K_z 为海上风压高度变化系数，可参考表 3.6 取值，中间值可内插得到；K 为风荷载体型系数，取值参见表 3.7 的形状系数；P_0 为基本风压值，$P_0 = 0.613V_t^2$，N/m²；V_t 为海面上 10m 高处 t 分钟时距的设计风速，m/s，时距 t 针对局部构件与整个结构体分别取为 3s 和 1min 时距；A 为与风向垂直的构件受风面积，m²。

表 3.6 海上风压高度变化系数

海平面以下高度/m	K_z	海平面以下高度/m	K_z
≤2	0.64	50	1.43
5	0.84	60	1.49
10	1.00	70	1.54
15	1.10	80	1.58
20	1.18	90	1.62
30	1.29	100	1.64
40	1.37	150	1.79

表 3.7　　　　　　　　　　　　　　　　形　状　系　数（API）

构件	梁	建筑物侧面	圆形截面	平台总投影面
C_s	1.5	1.5	0.5	1.0

（3）美国石油协会（American Petroleum Institute，API）规范的风荷载计算公式为

$$F = \frac{\rho}{2} u^2 C_s A \tag{3.8}$$

式中：u 为海面上参考高度 10m 处 1h 平均风速；C_s 为形状系数，按表 3.7 取值；其他参数同前。

（4）英国劳氏船级社（LR）规范的风荷载计算公式为

$$F = K_w A V^2 C_s \tag{3.9}$$

式中：K_w 为系数，$K_w = 0.613$；V 为静水面上 10m 标准高 1min 平均风速；C_s 为形状系数，按照表 3.8 取值；其他参数同前。

表 3.8　　　　　　　　　　　　　　　　形　状　系　数（LR）

构件	圆球形	圆柱形	大的平面结构（船壳、甲板室）	钻井架	钢索	甲板下外露的梁和桁材	小构件	孤立构件（吊车、吊杆等）	集中的上层建筑群或类似结构
C_s	0.40	0.50	1.00	1.25	1.20	1.30	1.40	1.50	1.10

（5）挪威船级社（DNV）规范的风荷载计算公式为

$$F = C_s \frac{1}{2} \rho U_{T,z}^2 S \sin\alpha \tag{3.10}$$

式中：C_s 为形状系数，部分构件形式推荐取值参见表 3.9；$U_{T,z}$ 为海面上高度 z 时距 T 平均风速，m/s，一般取 10m 高 1min 时距计算；α 为风向与暴露物体表面的夹角；其他参数同前。对于局部设计，作用在风中暴露的垂直外隔板的风压力一般应大于 2.5kN/m²。

表 3.9　　　　　　　　　　　　　　　　形　状　系　数（DNV）

构件	外壳（基于整个投影面）	甲板室群、杰克架结构、底座结构、绞车室及其他甲板上结构块（基于总投影面）	独立的管状物（如吊车基座等）	独立的结构型材（如角钢、槽钢、箱型材、I 型材等），基于各自投影面积
C_s	1.0	1.1	0.5	1.5

（6）美国船级社（ABS）规范的风荷载计算公式为

$$F = 0.611 V_k C_h C_s A \tag{3.11}$$

式中：V_k 为静水面上 15.3m 高度的 1min 时距设计风速，m/s。高度系数 C_h 可参照表 3.4 选取，形状系数 C_s 可根据其风中形状由表 3.10 查得。其他参数同前。

表 3.10 形 状 系 数 (ABS)

构 件	C_s	构 件	C_s
球形	0.4	钢索	1.2
圆柱形 (所有尺寸)	0.5	甲板以下区域 (平滑表面)	1.0
外壳板	1.0	甲板以下区域 (暴露的梁和桁材)	1.3
甲板室	1.0	小构件	1.4
孤立结构 (起重机、角钢、槽钢、梁等)	1.5	钻井架	1.25

由以上各计算公式可知,风荷载的大小与作用风压、构件的受风面积、构件高度及形状有关。

3.3.2 风的动态作用特性

在自然界,实际风速在时刻变化,脉动的风将产生惯性力项 F_1,使结构振动,在远离大陆的海域,海风能量更为显著,这时需要研究风谱,使用复杂的随机振动理论来分析它对结构的动力作用及结构的各种随机响应,这也被称为全动力计算方法。从风场中风速的脉动及不稳定情况可以看出它具有紊动及阵发特性。

常用的风能谱有 NPD 风谱:

$$S_{NPD}(f) = 320\left(\frac{U_0}{10}\right)^2 \left(\frac{z}{10}\right)^{0.45} / (1+\overline{f}^{0.468})^{3.561} \tag{3.12}$$

其中

$$\overline{f} = 172f(z/10)^{\frac{2}{3}}/(U_0/10)^{\frac{3}{4}}$$

式中:$S_{NPD}(f)$ 为风能谱密度;f 为频率;U_0 为海面上 10m 处 1h 平均风速,m/s。

适合海上平台设计的 Ochi 风谱:

$$S_U(f) = S^*(f)U^{*2}/f \tag{3.13}$$

其中

$$S^*(f) = \begin{cases} 583f_* & 0 \leqslant f_* \leqslant 0.003 \\ 420f_*^{0.7}/(1+f_*^{0.35})^{11.5} & 0.003 < f_* \leqslant 0.1 \\ 838f_*/(1+f_*^{0.35})^{11.5} & f_* > 0.1 \end{cases}$$

$$f_* = \frac{fz}{U_{10}(z)}$$

$$U^* = \sqrt{\tau/\rho}$$

式中:$U_{10}(z)$ 为高度 z 处 10min 平均风速;U^* 为摩擦速度 (friction velocity);τ 为表面切应力,其他符号意义同前。

API 风谱:

$$S(f) = \sigma^2(z)/f_p\left(1+1.5\frac{f}{f_p}\right)^{\frac{5}{3}} \tag{3.14}$$

式中:f_p 为峰值频率,一般由 $f_p = 0.025V(z)/z$ 计算得到;$\sigma(z)$ 为高度位置 z 处风速脉动的标准差,可由 $\sigma(z) = 0.15V(z) \times (z/Z_s)^{-0.125}$ ($z \leqslant Z_s$) 或 $\sigma(z) = 0.15V(z) \times (z/Z_s)^{-0.275}$ (若 $z > Z_s$) 计算得到;"表面层" 厚度 $Z_s = 20$m;$V(z)$ 为高度位置 z 处 1h 平均风速,m/s。

在工程界,从简单实用出发,常采用动力放大系数 (dynamic amplification factor)

K 代替惯性力 F_1 的方法考虑风的动态作用影响，此时的动态总风压表示为

$$W=(1+K)p_0=\beta p_0 \tag{3.15}$$

其中
$$\beta=1+K$$

式中：p_0 为基本风压，Pa；β 为风振系数，意指动态作用风压将为基本风压的 β 倍，等同于计入平均风和脉动风共同作用的结果，具体数值可根据有关规范标准取，如在我国《海上固定平台入级与建造规范》（1992）中，对于基本自振周期 $T \geqslant 0.5\mathrm{s}$ 的平台高耸结构，其 β 值可按表 3.11 选取。对于少数重要的塔形结构，规范建议对应 $T=0.25\mathrm{s}$ 时取 $\beta=1.25$，而在 T 值介于 $0.25\sim0.5$ 之间时可用内插法确定 β 值。

表 3.11　　　　　　　　　　　　　平台高耸结构的 β 取值

结构基本自振周期 T/s	0.5	1.0	1.5	2.0	3.5	5.0
β	1.45	1.55	1.62	1.65	1.70	1.75

这时沿风向产生的动态风载荷为

$$F=F_D+F_1=CWA \tag{3.16}$$

3.3.3　涡激振动现象

从流体力学理论可知，在一个稳定来流的流场中，非流线型绕流物体的后部将产生尾流和旋涡，出现流线分离现象。而其周围流态、漩涡的形成与泄放的变化过程与该流场的雷诺数 Re 密切相关，并随其大小变化出现无流动分离到流动分离、层流到湍流的规律性变化。在 $300 \leqslant Re < 3 \times 10^5$ 时，圆柱体尾流场出现周期性交替泄放的紊流旋涡，称为亚临界阶段（subcritical range）。在 $3 \times 10^5 \leqslant Re < 3.5 \times 10^6$ 时，旋涡脱落变得无规则，处于过渡状态，阻力系数也在急剧减小后又逐渐增大，分别称为临界阶段（critical range）和超临界阶段（supercritical range）。在 $Re \geqslant 3.5 \times 10^6$ 时，尾流场的紊流旋涡重新恢复周期性的泄放，称为跨临界阶段（transcritical range）。以上几个阶段的雷诺数 Re 常见于工程发生的范围，为工程界所关注，需对结构物进行计算检验以确保其安全。

对于空气中的细长构件，如烟囱、拉索、天线等，稳定气流在流经它们时会出现流动分离现象，并在某个雷诺数区间内在其尾流场产生左右两侧周期性地交替释放的旋涡，形成交错排列的卡门涡街，产生交错反向的横向力，使构件发生横向振动，如图 3.10 所示。这就是气流作用下发生在细长构件上的涡激振动现象（vortex - induced vibrations，VIV）。它给风中的海上细长构件带来振动与疲劳问题。

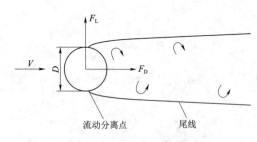

图 3.10　涡流及涡激振动

实验证明，旋涡的发放频率 f 可用无量纲参数斯特劳哈尔数 Sr 来表示：

$$f=\frac{SrV}{D} \tag{3.17}$$

式中：V 为垂直于构件轴线的风速，m/s；D 为圆柱直径或柱体的其他特征长度，m；Sr 为斯特劳哈尔数，是构件剖面形状与雷诺数 Re 的函数。

对于圆柱体，Sr 与 Re 之间的关系曲线如图 3.11 所示。其中雷诺数为

$$Re = \frac{VD}{\nu} \tag{3.18}$$

式中：ν 为空气的运动黏滞系数，$\mathrm{m^2/s}$，约为 $1.45 \times 10^{-5} \mathrm{m^2/s}$。

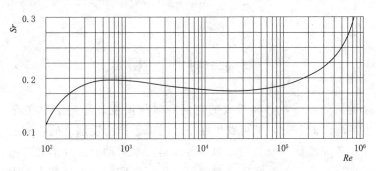

图 3.11　Sr 与 Re 的关系曲线

由 ECCS 规范建议的各种截面的斯特劳哈尔数 Sr 见表 3.12。

表 3.12　　　　　　　　　各种截面的斯特劳哈尔数 Sr

截　面		Sr
(方形、矩形等截面图示)		0.15
(圆形截面图示)	$300 \leqslant Re < 3 \times 10^5$	0.20
	$3 \times 10^5 \leqslant Re < 3.5 \times 10^6$	$0.20 \sim 0.30$
	$3.5 \times 10^6 \leqslant Re$	0.30

　　假若构件的自振频率与旋涡的发放频率相接近就会使结构发生共振破坏，这种现象容易发生在高耸结构物上，因此这种涡激振动是极其有害的，需采取措施阻止它的发生。一般可采取两方面的措施：一是对构件进行刚性加固，或增大尺度提高其刚度，改变构件的自振频率，避免它与旋涡发放频率相接近；二是想办法改变构件后的尾流场，破坏尾流场旋涡的规律性泄放，如在结构上安装螺旋形立板和改变结构截面形状等。

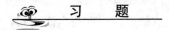 习　题

1. 简述风的产生。
2. 简述常风向和强风向的区别。
3. 简述科氏力的特点及影响。
4. 简述风的类型及特点。
5. 简述什么是雷诺数及涡激振动现象。

第4章 海洋中的波动现象

4.1 概　述

　　海洋是匀速运动的流体，具有极大的空间和时间尺度。海洋中存在着各种形式的波动，它既可发生在海洋的表面，又可发生在海洋内部不同密度层之间，有着不同的波动尺度、机理和特性，各种波动现象复杂。海洋波动是海水运动的主要形式之一。引起海水表面波动的自然因素有很多，如海洋表面受到风与气压的作用、天体的引潮力及海底地震与火山的作用等，它们引起的波动现象有不同的尺度，造成各种波动的周期、波高、波长等波动特性的不同，各自具有不同的能量范围，对海洋工程结构的作用影响也不同。图 4.1 为其能量近似分布示意图。

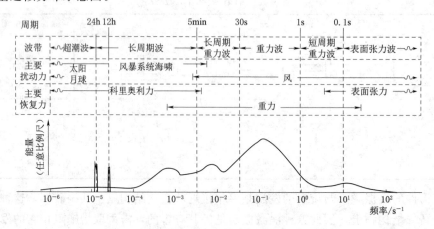

图 4.1　各种海洋波动能量近似分布示意图

　　尺度最小的部分是分子混合。在数厘米较小且肉眼可见的尺度中，形成了微观结构（在数厘米海平面形成垂直分层）以及毛细波。在数米的略大尺度部分发现了表面波。这些表面波存在较短的时间尺度以及持续时间略长的垂直分层。数十米的空间尺度对应的是时间尺度长达 1 天的内波。潮汐的时间尺度与内波相同，但其空间尺度是数百至数千千米的大尺度。在数百千米至数万千米的空间尺度，以及数周至数年的时间尺度中发现了中尺度涡和较强的洋流（例如墨西哥湾流）。墨西哥湾流是北大西洋亚热带区域永久性大范围涡旋环流的西边界流，宽度为 100km，且其环流的空间尺度有数千千米。墨西哥湾流的狭窄温暖核心部分有源于加勒比海的温暖亚热带水，这导致水流向北流动。在佛罗里达周围的墨西哥湾形成环流，沿着北美洲东部海岸向北流动，从哈特拉斯角流出，并向大西洋移动。其强度和温度向东衰减，强度和温度在东西部形成了鲜明对比。其空间尺度约为

100km 的大范围曲流和环流，可被视为数周时间尺度中形成的中尺度（涡）变化。

其中，周期最小的毛细波是由水的表面张力控制下的波动，其波高不大于 $1\sim2$mm，波长最大约 1.7cm，相对能量很小，在海洋工程结构物的设计与运动分析中可不需要考虑。对海洋工程结构物的影响最大的波动是海面重力波（surface gravitational wave），它受海面风的作用而引起，然后在重力这个恢复力的作用下做垂直振荡，具有巨大的能量。根据观测记录，波动周期在 $1\sim30$s 周期的海浪占到海面观测海浪中的大部分，并且这部分海浪的波动能极大，是船舶、平台等海洋结构物受损与变形破坏的主要因素，因此海洋结构物必须设计成能抵御各种风浪作用，海浪成为海洋工程结构物在设计施工中必须考虑的环境荷载条件之一。此外，周期长于 5min 的长周期波将带来海面水位较大的垂向升降变化，这主要有由风暴及海底地震等引起的风暴大潮与海啸波以及由天体引潮力引起的潮波。潮波等长周期波带来的水位变化主要影响海洋结构物的设计高程，需收集统计资料并作长期预测，是海洋工程结构物在设计施工中必须考虑的因素之一，风暴潮和海啸波对近海海岸工程还具有极大的冲击能量。

由于表面海浪是海洋工程结构物在设计施工中必须考虑的主要环境荷载条件之一，这里仅对海浪进行论证，其中的大部分内容是针对短周期表面波。

在海洋工程结构物的设计中，从结构物的结构强度、使用年限、建造成本等出发，需要考虑所处海域出现海浪的最大可能尺度、研究海浪的方向特征、出现频率、季节特点等。在海岸堤坝的塑造形成和侵蚀破坏中，海浪是关键水动力因素。航道等的泥沙回淤及海岸线变形、海岸环境变化、港址的选择与布置设计等都与波浪运动有关，因此，海浪对于海港工程中的防波堤设计布置与港址的选取等同样是重要的。此外，波浪影响船舶的运动性能，也是海上运输船舶在选择运输航线时要考虑的重要因素。

4.1.1　波的一般性质

波的基本特点是，在外力作用下，介质离开其平均位置做周期或准周期的运动。例如，对于表面重力波，介质是海气界面的水，回复力是作用于其上的重力，这些水质点在界面进行垂直位移。所有类型的波都是通过一些外力产生，这些外力导致粒子离开其平衡位置而发生初始位移。对于表面重力波而言，最常见的外力是风，海底地震也可以产生此类重力波（海啸）。

通常使用波的波长、周期、幅度、传播方向来描述波的性质。波长 L 是相邻两波峰或波谷的距离。用于描述波长的另一个量是波数 k，$k=2\pi/L$。周期 T 是相邻两波峰或波谷经过某固定点所需的时间。频率 ω 为 $2\pi/T$（以赫兹为单位的频率为 $1/T$）。振幅通常是从波峰到波谷高度的一半。正弦波示意如图 4.2 所示。

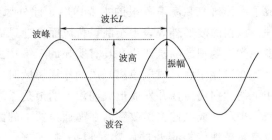

图 4.2　正弦波示意图

相速和群速这两种不同类型的速度描述了所有的波如何传播。相速 C_p 是各波峰的速度：

$$C_p=L/T=\omega/k \tag{4.1}$$

式中：L 为波长，m；T 为波周期，s；ω 为频率，s^{-1}；k 为波数。

如果不同波长的成分相速度为同一常值，则波呈非分散状，如果相速不是常量，则波呈分散状，并且相互分开。通过波长或波数表示频率的函数，即 $\omega = \omega(k)$，被称为频散关系。对于沿几个不同方向移动的波，可为每个方向定义波数。对于 x、y、z 方向，通常将这些波数称为 k、l、m。在每个方向也可相应地定义相速［式 (4.1)］。

对于大多数类型的波，波能以与波峰不同的速度移动，将此速度称为群速。在容易识别的示例（例如船尾的波）中，波群（群组）从源头移出，单个波通过群组传播，群组以群速移动。在深水表面波中，相速大于群速，所以似乎波从群组一侧出现，移动并消失在另一侧。在形式上而言，群速 C_g 是频率对波数的导数。在一维中，群速为

$$C_g = \partial \omega / \partial k \tag{4.2}$$

在二维和三维中，群速是一个矢量，即

$$C_g = (\partial \omega / \partial k, \partial \omega / \partial l, \partial \omega / \partial m) \tag{4.3}$$

对于非分散波，群速和相速必须是相同常量。

4.1.2　海浪概述

海浪 (ocean wave) 是在风的作用下产生的小尺度表面重力波，是海洋中常见的一种自然现象，海面风力的作用是其起因，一般可将海浪分为由风直接驱动产生的风浪 (wind wave) 及由风浪随后发展形成的涌浪 (swell) 两部分。随着风开始吹动，海面先形成小的毛细波，海面开始略显波涛汹涌。利用波前波后之间风引起的气压差，风力波将会加强并且发生变化。压差随着表面重力波的加强而增加。波之间的非线性相互作用，将使能量集中于波长较长和频率较低的波，最终形成风浪。

风浪是指由当地风产生，且一直处于风的作用下的海面波动状态。这些风力表面重力波周期为 1～25s，波长在 1～1000m 内。由风形成的波振幅和频率/波长取决于风时（风吹时间）、风区（风吹过的距离）和风强。在一场风暴中，风朝不同方向狂吹，使起伏的海面变得波涛汹涌（暴涛）。当风力超过 10 节（3m/s）时，出现白浪。长风区的风吹了很多天之后，会形成充分扩张的风浪。风浪因受到海面风的直接作用，其传播方向基本与风同向。风浪的形成及其波高、周期等大小与风的状态（如海面作用风速的大小、作用风区的范围及作用风时的长短）直接相关，它们相互间存在着很复杂的非线性关系，这些构成了海浪研究和海浪预报的主要内容。此外风浪的产生还与作用海域的水深、地形等有关。风浪的波形外观表现杂乱，背风面比迎风面更陡，波峰线较短，在时间上和空间上都表现为不规则的随机变化，具有明显的三维特性。

在风停止后，或风浪离开风的作用海域时，风浪并未消失，而是在自身重力的惯性作用下继续向前传播并发展形成涌浪。涌浪是指海面上由其他海区传来的或者当地风力迅速减小平息，或风向突然改变后在海面遗留下的波动。涌浪的波长为几十米。涌浪可以几乎没有衰减地传播很长的距离。根据频散关系式，周期为 14s 的涌浪以 22m/s 的相速和 11m/s 的群速行进，从阿拉斯加湾传播到夏威夷北岸大约需要 5 天，距离约 4500km。到达遥远海滩的涌浪频率通常非常小，所以会间隔比较长时间。由于这种传播受到海水内摩擦阻力及空气中摩擦阻力的影响，消耗了其波能，波高逐渐减小。波浪的这种衰减具有选择性，波长小、周期短的波浪将因衰减快而很快消失，最后剩下波长很大、周期很长的波

浪。涌浪的波形外观较规则，波面较平缓，波峰线较长，二维特性较明显。涌浪的传播速度普遍比风速快，有时因比台风移动速度快而先行抵达海岸边，这时称之为先行涌，其波长、波速及周期在传播过程中逐渐增大。

另外，在海洋中若风浪与涌浪同时存在而叠加就会形成混合浪。

海浪的运动形态将因所处水深 H 不同而不同，一般以波长 λ 的一半作为划分深水波（deep water wave）与浅水波（shallow water wave）的水深分界线。$H \geqslant 1/2\lambda$ 属于深水区内传播，海底摩擦的影响可忽略不计，其波浪形态基本保持不变；在 $H < 1/2\lambda$ 区域内的波浪属于浅水区内传播，此时存在海底摩擦影响，水分子做椭圆运动，由于在浅水区域受到海岸地形及海洋工程的影响，波浪在传播过程中会发生波浪折射、反射及破碎等现象，造成浅水区内波浪的传播形态及尺度等发生变化，传播特性与传播现象比深水波复杂。

海浪要素用于对海浪特征进行描述，主要有波高、振幅、周期、波长与波速等。

规则波是一种对海浪传播形式的理想化处理，具有二维波动特点，通常假定波浪以一定的周期、波长和波高在一定水深中传播，从而可建立数学模型描述其波动，其中最简单的形式是用正弦曲线或余弦曲线描述的简谐波动。图 4.3 为用余弦曲线描述的规则波海浪要素，简谐波中的水质点围绕其平衡位置做圆周运动（深水波）。

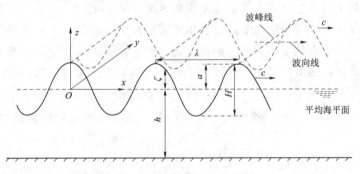

图 4.3　规则波海浪要素

图 4.3 中波动曲线的最高点是波峰（wave crest），最低点是波谷（wave trough）。波长（wave length）λ 是相邻的两波峰或两波谷之间的水平距离，用以描述一个周期内波形传播的距离。周期 T（period）是相邻的两波峰或两波谷先后通过某同一点所经历的时间间隔，波速（wave speed）c 是波形传播的速度，$c = \lambda/T$。波峰与波谷间的垂直距离是波高（wave height）H，波高的一半，亦即水质点距其平衡位置的最大垂向位移是振幅 a，$a = H/2$，波高与波长之比是波陡（wave steepness）δ，$\delta = H/\lambda$，可用以反映波浪是否稳定或破碎，ζ 为水质点距离平均海平面位移，h 为平均海平面高度。

同一列波峰的连线称为波峰线，与波峰线相垂直并用以表示波动传播方向的线称为波向线。波向是指波浪传播而来的方向，是波浪的重要属性之一。

实际海浪的波动具有不规则波的特点，即海面各点的波动形状和大小随不同时间和地点在时刻不规则地发生变化，此时的海浪要素是个随机量，具有统计分布特征，一般用其统计特征量来描述。

对于不规则波的海浪要素一般采用上跨零线相交法进行定义。如图 4.4 所示，为一在某固定点记录的波面随时间的波动过程曲线，即波剖面 $\zeta(t)$。图中的横轴代表时间 t，称为零线。将波动曲线由下向上及由上向下跨过零线的交点分别定义为上跨零点和下跨零点，如图中 A_1、A_2、A_3 等为上跨零点，B_1、B_2、B_3 等为下跨零点。相邻的上下跨零点之间的曲线最高点就是波峰，其间的最低点是波谷。

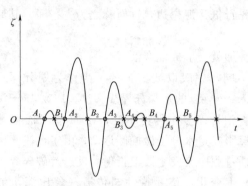

图 4.4 不规则波海浪要素

两相邻上跨零点（或下跨零点）之间的时间间隔定义为周期 T_i，其所有周期的平均值为平均周期，即

$$\overline{T} = \frac{1}{N}\sum_{i=1}^{N} T_i$$

式中：N 为数据总数。

两相邻上跨零点间的波峰顶和波谷底的垂直距离定义为波高 H_i，若以横轴代表的是位置，则两相邻上（下）跨零点间的水平距离定义为波长 λ_i。

海浪的波高代表了海浪的能量，而自由波动的海面具有各种大小的波高，研究中常使用几种不同定义的波高代表不同意义的波系特征，这种波也常称为特征波。在航行、港口设计中很关心海浪的显著部分，因此提出了部分大波平均波高的概念。设有一系列观测波高，按其大小排列，其中最高的 p 部分求平均，称之为 p 部分大波平均波高 H_p。

（1）平均波高 $\overline{H}$：就是将连续观测得到的各个波高相加求和后再除以观测波的总个数，即

$$\overline{H} = \frac{1}{N}\sum_{i=1}^{N} H_i \tag{4.4a}$$

式中：H_i 为第 i 个波高，m；N 为波高观测总个数。

或用加权平均，即

$$\overline{H} = \sum_{i=1}^{k_i} \frac{H_i n_i}{N} \tag{4.4b}$$

其中

$$N = \sum_{i=1}^{k_i} n_i$$

式中：n_i 为波高 H_i 的对应记录次数。

（2）有义波高 $H_{\frac{1}{3}}$：将连续观测得到的波高值按由大到小的顺序排列，对前 $N/3$ 个大波求平均值得到的波高称为 1/3 大波的平均波高，亦称为有义波高或有效波高，即

$$H_{\frac{1}{3}} = \frac{3}{N}\sum_{i=1}^{N/3} H_i \tag{4.5}$$

对应前 $N/3$ 个波浪周期取平均值得到有义波周期 $T_{H/3}$。

有义波高由于与目测得到的波高值相近而得到广泛应用，尤其是在船舶海洋工程领域。

（3）显著波高 $H_{1/10}$：将连续观测的波高值按由大到小的顺序排列，对前 $N/10$ 个大波求平均值得到的波高称为 1/10 大波的平均波高，亦称显著波高，即

$$H_{\frac{1}{10}} = \frac{10}{N} \sum_{i=1}^{N/10} H_i \qquad (4.6)$$

对应前 $N/10$ 个波浪周期取平均值得到 1/10 大波周期 $T_{H/10}$。

（4）累积率波高 H_F：指累积率 F 对应的波高值，即等于或大于该波高 H_F 的波浪在波列中的出现概率为 F（％），即

$$F = n/N$$

式中：n 为波高值大于或等于 H_F 的出现次数，亦称累积数；N 为总波数。

设有 1000 个波，按波高大小从高到低排列，其第 10 个（累积率 $F=1\%$）最大波高为 5m，则称累积率 1％ 的波高为 5m，即 $H_{1\%}=5m$。

（5）最大波高 H_{max}：取波高观测记录中出现的最大波高值或重现期为 50 年或 100 年的最大波高值。对应最大波高的周期称为最大周期 T_{Hmax}。

各种概念的特征波都用于描述海面的波动状况。如我国就以 1/10 大波 $H_{1/10}$ 的波高大小，将波浪划分为无浪、微浪、小浪、轻浪、中浪、大浪、巨浪、狂浪、狂涛、怒涛 10 个等级，见表 4.1。表中同时给出有义波高对应划分的等级范围。

表 4.1 　　　　　　　　　　　　　　**波 浪 等 级**

波级	波 高/m		名 称	
			中文	英文
0	$H_{\frac{1}{3}}=0$	$H_{\frac{1}{10}}=0$	无浪	calm（glassy）
1	$0<H_{\frac{1}{3}}<0.1$	$0<H_{\frac{1}{10}}<0.1$	微浪	calm（rippled）
2	$0.1\leqslant H_{\frac{1}{3}}<0.5$	$0.1\leqslant H_{\frac{1}{10}}<0.5$	小浪	smooth（wavelets）sea
3	$0.5\leqslant H_{\frac{1}{3}}<1.25$	$0.5\leqslant H_{\frac{1}{10}}<1.5$	轻浪	slight sea
4	$1.25\leqslant H_{\frac{1}{3}}<2.5$	$1.5\leqslant H_{\frac{1}{10}}<3.0$	中浪	moderate sea
5	$2.5\leqslant H_{\frac{1}{3}}<4.0$	$3.0\leqslant H_{\frac{1}{10}}<5.0$	大浪	rough sea
6	$4.0\leqslant H_{\frac{1}{3}}<6.0$	$5.0\leqslant H_{\frac{1}{10}}<7.5$	巨浪	very rough sea
7	$6.0\leqslant H_{\frac{1}{3}}<9.0$	$7.5\leqslant H_{\frac{1}{10}}<11.5$	狂浪	high sea
8	$9.0\leqslant H_{\frac{1}{3}}<14.0$	$11.5\leqslant H_{\frac{1}{10}}<18.0$	狂涛	very high sea
9	$14.0\leqslant H_{\frac{1}{3}}$	$18.0\leqslant H_{\frac{1}{10}}$	怒涛	phenomenal sea

4.2　波　浪　理　论

假设流体无黏、不可压缩和运动无旋，从流体力学的运动方程和连续方程出发，再附加海面及海底的边界条件等进行求解就是波浪理论的基础。根据振幅波长比 a/λ 的比值大小对非线性海面边界条件作摄动展开，取线性解或非线性解就得到线性波浪理论（linear wave theory）或非线性波浪理论（nonlinear wave theory）。

1. 基本假设

（1）流体是理想重流体（ρ＝常数）。重流体就是不能忽略重力作用的流体。由于在波浪运动过程中，黏性力与重力相比很小，可以忽略不计，所以流体是理想流体。又由于风的作用停止后，是重力作用使流体继续保持波浪运动，所以在整个波浪运动分析过程中，重力不能忽略不计。

（2）波浪运动是无旋运动。对于理想正压流体，当质量力有势时，流体受风力作用时所产生的运动是无旋运动。影响波浪运动的质量力是重力，是有势力。整个波浪运动满足汤姆逊定理条件，波浪运动是无旋的。所以，在整个波浪运动过程中也是无旋运动。

2. 连续方程

连续方程是流体力学的基本方程之一。流体运动必须遵循质量守恒定律，对于流场中任意选定的固定几何空间，单位时间内该几何空间流体质量的增加量必然等于同时间通过此空间边界净流入其内部的流体质量。

3. 黏性流体的运动方程——纳维尔-斯托克斯方程

纳维尔-斯托克斯方程（Navier-Stokes's Equation）通常称为 N-S 方程，是黏性流体运动的控制方程。运动的流体所受的合力等于流体的质量乘以它的加速度，即流体运动时满足动量守恒定律（牛顿第二定律），运动方程可写为

$$\frac{\mathrm{d}V}{\mathrm{d}t}=-\frac{1}{\rho}\nabla p+2V\times\omega+g+F \tag{4.7}$$

式（4.7）左边是单位质量乘以加速度的惯性力项，右边第一、第二项分别为压强梯度力、科氏力，g 为重力，而 F 为其他外力的合力。方程式的物理意义是总惯性力与总外力相平衡，其分量的形式为

$$\frac{\partial u}{\partial t}+u\frac{\partial u}{\partial x}+v\frac{\partial u}{\partial y}+w\frac{\partial u}{\partial z}=-\frac{1}{\rho}\frac{\partial p}{\partial x}+2w(v\sin\phi-w\cos\phi)+F_x \tag{4.8}$$

$$\frac{\partial v}{\partial t}+u\frac{\partial v}{\partial x}+v\frac{\partial v}{\partial y}+w\frac{\partial v}{\partial z}=-\frac{1}{\rho}\frac{\partial p}{\partial y}-2wu\sin\phi+F_y \tag{4.9}$$

$$\frac{\partial w}{\partial t}+u\frac{\partial w}{\partial x}+v\frac{\partial w}{\partial y}+w\frac{\partial w}{\partial z}=-\frac{1}{\rho}\frac{\partial p}{\partial z}+2wu\cos\phi-g+F_z \tag{4.10}$$

式中：F_x、F_y、F_z 分别为各坐标方向所受到的外力（风应力、黏性力或引潮力等）。

式（4.8）、式（4.9）和式（4.10）是海水运动的动量方程。

4.2.1　小振幅重力波理论

建立在微幅波假定基础上的小振幅重力波理论（small amplitude gravity wave theory）是个线性波理论，它假定波动振幅与波长之比是无穷小量，即 $a/\lambda\leqslant1$，从而可将非线性的海面边界条件简化为线性，得到波浪的线性理论，也称为微幅波理论或 Airy 波理论。

实际波浪的复杂变化在线性波理论中可用一种简单形式的波动来代表，水面上的任何一点都将随时间作简谐形式的起伏振荡，振动频率都相同，这种简单形式的波动一般可表示为正弦曲线或余弦曲线，重力是其唯一外力。

按照波浪的传播形式有前进波（progressive wave）与驻波（standing wave）之分。

1. 前进波

（1）波动公式及其不同水深分类。如图 4.3 所示，取直角坐标系（x，y，z），坐标原点取在静水表面上，z 轴向上为正，用余弦曲线表示的前进波波剖面方程为

$$\zeta(x,t) = a\cos(kx - \omega t) \tag{4.11}$$

式中：ζ 为波面相对平均水平面的垂向位移；a 为波浪振幅（smplitude），波高为振幅的两倍 $H = 2a$；k 为波数（wave number），表示 2π 长度内的波数，有 $k = 2\pi/\lambda$；ω 为圆频率（angular frequency），表示 2π 秒内的振动次数，有 $\omega = 2\pi/T$，它与频率 f 之间有关系式 $\omega = 2\pi f$。此时的波动是二维的，沿 x 轴方向传播。

波速 c 又称波相速度（phase velocity），可表示为 $c = \lambda/T = \omega/k$。

1）在一定水深下，前进波将因为不同波长（频率）的水波以不同的速度传播，从而导致波浪分散现象的发生，这在波浪理论中称为色散关系（dispersion relation）或频散关系，表示为

$$\omega^2 = kg\tanh(kh) = \frac{2\pi g}{\lambda}\tanh\frac{2\pi h}{\lambda} \tag{4.12}$$

用波速表示为

$$c^2 = \frac{g}{k}\tanh(kh) = \frac{g\lambda}{2\pi}\tanh\frac{2\pi h}{\lambda} \tag{4.13}$$

波长为

$$\lambda = \frac{gT^2}{2\pi}\tanh(kh) \tag{4.14}$$

式中：$\tanh(kh)$ 为浅水修正项，其适用范围为 $1/2 > h/\lambda > 1/25$，对应的水波称为浅水波，亦称为色散波。

2）在无限水深情况，即 $h \to \infty$ 时，有 $\tanh(kh) \to 1$，该浅水修正项可不用考虑。对应的圆频率由下式给出：

$$\omega^2 = \frac{2\pi g}{\lambda} \tag{4.15}$$

波速由下式给出：

$$c^2 = \frac{g\lambda}{2\pi} \tag{4.16}$$

波长为

$$\lambda = \frac{gT^2}{2\pi} \tag{4.17}$$

在实际应用中，若水深与波长之比 $h/\lambda \geqslant 1/2$ 时就认为符合深水波特征。对应的水波称为深水波或短波，波速与波长的大小有关，属于色散波。

3）在水深趋于很小，即 $h \to 0$ 时，有 $\tanh(kh) \approx kh$，此时的圆频率由下式给出：

$$\omega^2 = ghk^2 \tag{4.18}$$

波速由下式给出：

$$c^2 = gh \tag{4.19}$$

波长为

$$\lambda^2 = ghT^2 \tag{4.20}$$

实际应用中的对应水深与波长之比 $h/\lambda < 1/25$，称为极浅水波或长波。因其传播速度已与波长无关，亦属于非色散波。

由以上结果可见，实际应用中可依据水深与波长之比 h/λ 对水深进行分类，以确定是否进行浅水修正。

波动水质点的运动速度和加速度是波浪作用力计算中的重要参数。以上 3 种水深范围的水质点各自具有的运动速度、加速度及位移见表 4.2。其中极浅水波利用了如下的双曲函数简化计算：

$$\mathrm{ch}[k(z+h)]/\mathrm{sh}(kh) \approx 1/kh$$

$$\mathrm{sh}[k(z+h)]/\mathrm{sh}(kh) \approx 1+z/h$$

深水波中的双曲函数简化计算式为

$$\mathrm{ch}[k(z+h)]/\mathrm{sh}(kh) \approx \mathrm{sh}[k(z+h)]/\mathrm{sh}(kh) \approx e^{kz}$$

表 4.2 各个水深水质点的运动速度、加速度及位移

水深划分	浅水波	极浅水波	深水波
水质点水平分速度 u	$\dfrac{\pi H}{T}\dfrac{\mathrm{ch}[k(z+h)]}{\mathrm{sh}(kh)}\cos\theta$	$\dfrac{H}{2}\sqrt{\dfrac{g}{H}}\cos\theta$	$\dfrac{\pi H}{T}e^{kz}\cos\theta$
水质点垂直分速度 ω	$\dfrac{\pi H}{T}\dfrac{\mathrm{sh}[k(z+h)]}{\mathrm{sh}(kh)}\sin\theta$	$\dfrac{\pi H}{T}\left(1+\dfrac{z}{h}\right)\sin\theta$	$\dfrac{\pi H}{T}e^{kz}\sin\theta$
水质点水平加速度 a_z	$\dfrac{2\pi^2 H}{T^2}\dfrac{\mathrm{ch}[k(z+h)]}{\mathrm{sh}(kh)}\sin\theta$	$\dfrac{\pi H}{T}\sqrt{\dfrac{g}{h}}\sin\theta$	$2H\left(\dfrac{\pi}{T}\right)^2 e^{kz}\sin\theta$
水质点垂直加速度 a_z	$-\dfrac{2\pi^2 H}{T^2}\dfrac{\mathrm{sh}[k(z+h)]}{\mathrm{sh}(kh)}\cos\theta$	$-2H\left(\dfrac{\pi}{T}\right)^2\left(1+\dfrac{z}{h}\right)\cos\theta$	$-2H\left(\dfrac{\pi}{T}\right)^2 e^{kz}\cos\theta$
水质点水平位移 ζ	$-\dfrac{H}{2}\dfrac{\mathrm{ch}[k(z+h)]}{\mathrm{sh}(kh)}\sin\theta$	$-\dfrac{HT}{4\pi}\sqrt{\dfrac{g}{h}}\sin\theta$	$-\dfrac{H}{2}e^{kz}\sin\theta$
水质点垂直位移 ζ	$\dfrac{H}{2}\dfrac{\mathrm{sh}[k(z+h)]}{\mathrm{sh}(kh)}\cos\theta$	$\dfrac{H}{2}\left(1+\dfrac{z}{h}\right)\cos\theta$	$\dfrac{H}{2}e^{kz}\cos\theta$

（2）水质点运动轨迹。

1）浅水波的运动轨迹为

$$\frac{(x-x_0)^2}{A^2} + \frac{(z-z_0)^2}{B^2} = 1 \tag{4.21}$$

其中 $A = \dfrac{H}{2}\dfrac{\mathrm{ch}[k(z_0+h)]}{\mathrm{sh}(kh)}, B = \dfrac{H}{2}\dfrac{\mathrm{sh}[k(z_0+h)]}{\mathrm{sh}(kh)}$

式中：(x_0, z_0) 为水质点振荡的平衡位置，说明浅水波的水质点以 (x_0, z_0) 为中心在做椭圆运动；A、B 分别为其水平长半轴和垂直短半轴，m。

在水面处，由 $z_0 = 0 \rightarrow B = H/2$，说明水质点的垂直振荡幅度在水面达最大，并随水深增加而减小。至水底，有 $z_0 = -h \rightarrow B = 0$，说明水质点沿水底做水平往复运动，如图 4.5（a）所示。

2）深水波的运动轨迹为

$$(x-x_0)^2+(z-z_0)^2=(ae^{kz_0})^2 \qquad (4.22)$$

说明深水波的水质点以 (x_0, z_0) 为中心做圆周运动，其圆周半径为 ae^{kz_0}，并随水深增加呈指数减小，如图 4.5（b）所示。在 $z_0=-\lambda$ 时，$ae^{kz_0}=ae^{-2\pi}=\dfrac{a}{535}$，运动半径仅为波幅的 1/535，几乎无波动；在 $z_0=-\lambda/2$ 时，即半个波长的水深处，$ae^{kz_0}=ae^{-\pi}=\dfrac{a}{23}$，运动半径为波幅的 1/23，波动幅度很小，这种情况在工程上可认为是波浪的影响下限。

3）对于极浅水波，有 $A=\dfrac{H}{2}\dfrac{1}{kh}$，$B=\dfrac{H}{2}\left(1+\dfrac{z_0}{h}\right)$，水质点仍做椭圆运动，但其水平长半轴不随水深变化，垂直短半轴则随水深线性减小，在水底（$z=-h$）处 $B=0$，水质点只沿水底作水平往复运动，如图 4.5（c）所示。

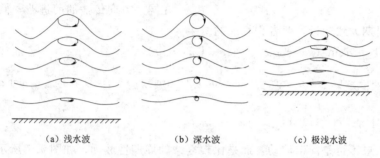

（a）浅水波　　　　　（b）深水波　　　　　（c）极浅水波

图 4.5　水质点运动示意图

由以上水质点的运动轨迹可知，水质点都围绕其平衡位置在作简谐振动，仅波形在向前振荡传播。

（3）波动能量（wave energy）。海洋波动产生能量，它由水质点运动产生的动能及其相对静止水面的势能两部分组成。对于前进波，在理论上，单位宽度一个波长内的波动动能与势能相等，其总能量表示为

$$E=\frac{1}{8}\rho g H^2\lambda \qquad (4.23)$$

说明波浪能量与波高的平方成正比，而与水深无关，说明沿海近岸的波浪波高增大许多，带来的波浪冲击力亦大，对沿海堤岸及近岸工程具有破坏能量。

2. 驻波

相同的振幅、周期与波长，但传播方向相反的两列左、右行进波相叠加就会产生驻波，亦称立波。如由左前进波 $\zeta_1=a\cos(kx+\omega t)$ 与右前进波 $\zeta_2=a\cos(kx-\omega t)$ 合成得到的波剖面为

$$\zeta=\zeta_1+\zeta_2=a\cos(kx+\omega t)+a\cos(kx-\omega t)=2a\cos\omega t\cos kx=A\cos kx \qquad (4.24)$$

该合成波是个驻波，式中 $A=2a\cos\omega t$ 是其合成振幅，即驻波振幅，随时间在周期性地变化。在 $t=nT/2$（$n=0, 1, 2, \cdots$）时，合成振幅最大值为 $2a$；在 $t=(2n+1)T/4$（$n=0, 1, 2, \cdots$）时，恒有 $\zeta=0$，波面无波动。

波动亦随位置 x 发生变化。在 $x=\pm n\lambda/2$（$n=0, 1, 2, \cdots$）处的波面总是出现最

大振动，称为波幅；在 $x=\pm(2n+1)\lambda/4(n=0，1，2，\cdots)$ 处的波面总是无波动，称为波节（wave node）。

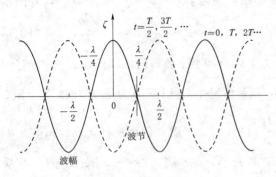

图 4.6　驻波波形

如图 4.6 所示，波形随时间在波节之间分段上下振动，波形并未向外传播，故称驻波。对驻波的研究具有实际意义，如波浪正向作用在竖直岸壁时会发生全反射，不同传播方向的入射波与反射波两者叠加的结果就将产生驻波。

3. 波群

许多不同频率的前进波相叠加后，将在波面上形成以群速传播的波群。如两列在同一方向传播的前进波，假设其波幅相等，波长与周期大致相近，两者相叠加的结果为

$$
\begin{aligned}
\zeta=\zeta_1+\zeta_2&=a\sin(kx-\omega t)+a\sin(k'x-\omega't)\\
&=2a\cos\left[\frac{1}{2}(k-k')x-\frac{1}{2}(\omega-\omega')t\right]\sin\left[\frac{1}{2}(k+k')x-\frac{1}{2}(\omega+\omega')t\right]\\
&=A\sin\left[\frac{1}{2}(k+k')x-\frac{1}{2}(\omega+\omega')t\right]
\end{aligned}
\tag{4.25}
$$

合成的结果不再是简谐波动，而是比较复杂的周期性波动，如图 4.7 所示。其合成的波动振幅随时间具有周期性的变化，即

$$
A=2a\cos\left[\frac{1}{2}(k-k')x-\frac{1}{2}(\omega-\omega')t\right]
\tag{4.26}
$$

波速为

$$
c=\frac{\omega+\omega'}{k+k'}\approx\frac{\omega}{k}
\tag{4.27}
$$

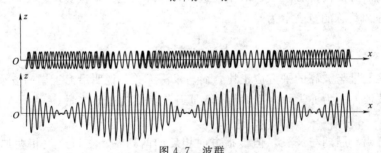

图 4.7　波群

由波动振幅表达式可知，波动振幅随位置 x 和时间 t 在 $2a$ 范围内周期性地变化，使合成波成包络波形分布，它在传播方向的变化速度称为群速，即

$$
c_g=\frac{\omega-\omega'}{k-k'}=\frac{\delta\omega}{\delta k}=\frac{1}{2}c\left(1+\frac{2kh}{\mathrm{sh}2kh}\right)=nc
\tag{4.28}
$$

其中

$$
n=\frac{1}{2}\left(1+\frac{2kh}{\mathrm{sh}2kh}\right)
$$

式中：n 为波能传递率，在 $0.5\sim1.0$ 之间变化，即波浪能量以波群速向前传播。

对于深水波，因为 $\dfrac{2kh}{\text{sh}2kh}\to0$，$n=1/2$，故

$$c_g=\frac{1}{2}c \tag{4.29}$$

说明深水波的群速是其波速的一半。

对于极浅水波，因为 $\dfrac{2kh}{\text{sh}2kh}\to0$，$n=1.0$，则有

$$c_g=c \tag{4.30}$$

说明极浅水波的群速与其波速相等。

4.2.2 有限振幅波动理论

对于波动振幅较大的情况，此时不符合线性波理论的微幅波要求，需要使用更高阶的近似解，一般使用小参数摄动法将非线性边界条件摄动展开求其摄动解。由于影响波动性质的主要因素有波陡、相对水深、相对波高，对它们的不同考虑与选择就得到不同的有限振幅波动理论。因推导过程及公式复杂，本书仅说明它们的特性。

不同水深有不同的有限振幅波动理论。

1. 斯托克斯波理论

斯托克斯波（Stokes wave）理论是1847年由英国流体力学学者斯托克斯提出的一种针对非线性重力波的近似理论，它的理论基础同小振幅波理论，重力也是其唯一的外力，但振幅波长比 $\varepsilon=a/\lambda$ 不再是个小量，将有关物理量对 ε 做摄动展开，对 ε 取不同阶次就得到不同阶的斯托克斯波理论。由 ε 的一阶方程得到的是线性波动方程，说明小振幅波理论是斯托克斯波理论的一个线性特例。由 Skjelbreia 和 Hendrickson 推导的斯托克斯五阶波理论在海洋工程结构物的设计计算中得到广泛的应用。

斯托克斯波的波剖面形状特点是波峰较陡且窄、波谷较平坦且宽，图 4.8 给出了线性波与二阶、三阶斯托克斯波波剖面的比较示意图。

斯托克斯波的波动水质点轨迹不是一个闭合的圆，而是呈螺旋状向前前进，从而在水平方向产生沿波动方向的净位移，称为波流（wave - induced current）。这表明沿波向不仅有动量和能量的传播，而且也在传输质量，这对泥沙等物质在海洋中的输运具有意义。水质点的水平分速除周期性分量外，还有一个与波浪传播方向相同的常速项，其传输速度称为传质速度，在深水区表示为

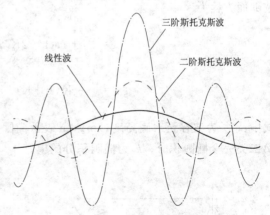

图 4.8　线性波与二阶、三阶斯托克斯波波剖面的比较示意图

$$\overline{U_0}=\left(\frac{\pi H}{\lambda}\right)^2 c e^{\frac{4\pi z}{\lambda}}$$

表 4.3 给出深水一～三阶斯托克斯波的性质比较，其中的一阶波即线性波。

项目	一阶	二阶	三阶
波剖面方程	$\zeta_1 = a\cos(kx - \omega t)$	$\zeta_2 = \zeta_1 + \dfrac{1}{2}ka^2\cos 2(kx - \omega t)$	$\zeta_3 = \zeta_2 + \dfrac{3}{8}k^2 a^3\cos 3(kx - \omega t)$
波速	$C^2 = \dfrac{g\lambda}{2\pi}$	$C^2 = \dfrac{g\lambda}{2\pi}$	$C^2 = \dfrac{g\lambda}{2\pi}\left(1 + \dfrac{4\pi^2 a^2}{\lambda^2}\right)$
波长	$\lambda = \dfrac{gT^2}{2\pi}$	$\lambda = \dfrac{gT^2}{2\pi}$	$\lambda = \dfrac{gT^2}{2\pi}\left(1 + \dfrac{4\pi^2 a^2}{\lambda^2}\right)$
波高	$H = 2a$	$H = 2a$	$H = 2a\left(1 + \dfrac{3}{8}k^2 a^2\right)$
波剖面形状	简谐曲线	非简谐曲线	非简谐曲线
水质点运动轨迹	封闭，无波流	不封闭，有波流	不封闭，有波流

表 4.3　　　　　　深水一阶、二阶、三阶斯托克斯波之比较

在以上的深水斯托克斯波理论中没有考虑水深的影响，对于一定的小水深，即水深波长比小于一定数值时，深水斯托克斯波理论将不再适用。

2. 椭圆余弦波理论

波浪进入浅水区后，海底对它的影响变得显著，使波浪的波形和波高等在不断发生变化，相对波高 H/h 成为对波浪运动有重大影响的因素，水深的影响必须加以考虑。

椭圆余弦波理论就是用于描述这种波浪在浅水中传播的有限振幅波浪的波浪理论。其波剖面方程为

$$\zeta = \zeta_d + H\,\mathrm{cn}^2\left[2K(k)\left(\frac{x}{\lambda} - \frac{t}{T}\right), k\right] \tag{4.31}$$

$$\zeta_d = \frac{16h^3}{3\lambda^2}K(k)\left[K(k) - E(k)\right] + h - H \tag{4.32}$$

式中：ζ_d 为波谷至水底高度，m；cn 表示椭圆余弦函数；$K(k)$、$E(k)$ 分别为第一类和第二类完全椭圆积分；k 为椭圆积分的模。

波形状大致如图 4.9 所示。波峰很尖，波谷很宽且很平坦。

椭圆余弦波因波面用椭圆余弦函数 cn 表示而得其名，是一个具有稳定形状的周期波，且因考虑波动的影响因素较全面而具有较大的适用范围。

在理论上可得到，在相对波高 H/h 趋于无限小时，模 $k = 0$，椭圆余弦波接

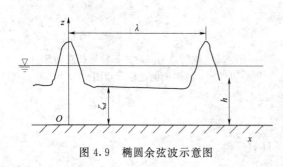

图 4.9　椭圆余弦波示意图

近于小振幅波；在波长 λ 趋于无限大时，模 $k=1$，其极限波剖面变为孤立波。

在椭圆余弦波理论中，一般用厄塞尔参数（ursell number）来表示波陡与相对波高对波浪运动的影响，即

$$U=\frac{(H/h)^3}{(H/h)^2}=\frac{H\lambda^2}{h^3}$$

3. 孤立波（solitary wave）

在浅水区域中会出现孤立波现象，使用摄动法展开能得到其理论结果，此时的波长趋于无限大，整个波形位于静水面之上。孤立波的波剖面方程为

$$\zeta=H\operatorname{sh}^2\left[\sqrt{\frac{3H}{4h^3}}(x-ct)\right] \tag{4.33}$$

其波面上只有一个高出静止水面的波峰在向前传播，波长无限长，描述的是非周期性运动的移动波。如图 4.10 所示，孤立波的水体体积大部分集中在其波峰两侧小区域范围内，其能量也集中在波峰附近。当两个孤立波相遇或发生超越时，它们会在碰撞后分开继续前进，形状大小并不改变，仅相位发生变化。

在工程应用中，如 $\dfrac{\lambda}{h}>\dfrac{2\pi}{\sqrt{\dfrac{3H}{h}}}$ 时，浅水

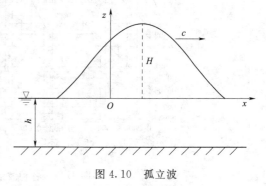

图 4.10　孤立波

长波可近似当作孤立波来处理。在浅水区域，相对波高 H/h（已取代波陡 H/λ）成为决定波动性质的主要因素，McCowan 在理论上给出的孤立波破碎的极限值是 $(H/h)_{max}=0.78$。

4.2.3　各种波浪理论的应用范围

以上的各种波浪理论在推导中采用了不同的假定条件和近似处理，使得它们在分析波浪运动时都有各自不同的适用范围。一般而言，在深水中影响波动性质的主要因素是波陡 H/λ，在浅水区域还需要增加考虑相对水深 h/λ 这个重要因素，在极浅水域则要考虑相对波高 H/h 的影响。图 4.11 为美国《海滨防护手册（84）》中对各种波浪理论应用范围的划分。

小振幅波理论适用于波陡较小的深水区与过渡水深区，同时是研究随机海浪的理论基础，对它的研究最早也最成熟。对于波陡较大的有限振幅波，适用于斯托克斯高阶波理论，现多采用三阶波或五阶波理论，其破碎界限为 $(H_0/\lambda_0)_{max}=0.142$；浅水中宜用椭圆余弦波理论或孤立波理论，由 McCowan 给出的相对极限波高（破碎界限）为 $(H/h)_{max}=0.78$。椭圆余弦波及孤立波与斯托克斯波及线性波之间的界限由厄塞尔参数 $U=\dfrac{(H/h)^3}{(H/h)^2}=\dfrac{H\lambda^2}{h^3}\approx26$ 确定，而椭圆余弦波与孤立波之间可由 $H/\lambda=0.04$ 或 $h/(gT^2)=0.00155$ 来划分。

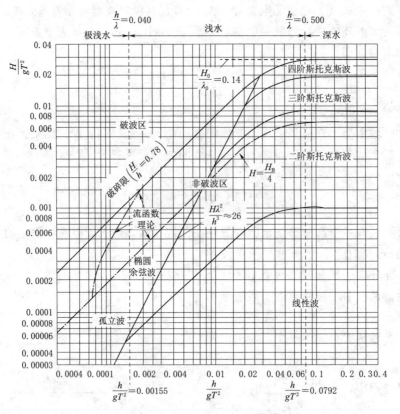

图 4.11 各种波浪理论应用范围

4.3 浅海近岸的海浪特性

在波浪传播至浅水近岸时，水深、海底摩擦、地形、障碍物等环境因素变化的影响将使得波浪的传播发生变形，出现波长变短、波速变慢、波向转折、波高增大及波浪破碎等特性变化，在岸壁斜坡及结构物前的波浪将发生反射及绕射等现象。近岸浅水波的特性变化对近岸海洋工程的受力及港湾工程、海岸地形的形成与变化等都有重大影响，有必要在近海工程设计及港口、防波堤岸等合理布置等方面来了解和考虑这些波浪特性变化的综合影响。

浅水区域的波浪要素变化表现为波浪多种变形的综合影响，波浪运动的非线性特性及浅海地形的复杂变化，使得浅海近岸的波浪难以精确描述波浪折射（wave refraction）、反射（reflection）和绕射（diffraction）的综合影响，问题本身极其复杂。以下给出建立在线性理论下的一些结果，它可反映海浪特性在水深变浅时发生的一些基本变化。

4.3.1 水深变浅的波长、波速与波高变化

在深水波浪传播到浅水区时，波速将随水深发生变化，引起波浪特性发生变化，这就是由水深变浅引起的波浪变形。

根据小振幅波理论，由一定水深的浅水波波速 c 与深水波波速 c_0 的平方比得到，即

$$\frac{c^2}{c_0^2} = \frac{\lambda}{\lambda_0} \tanh\left(\frac{2\pi h}{\lambda}\right) \tag{4.34}$$

同时因周期 T 不太随水深变化而假定其不变，则得水深变浅引起的波速与波长变化的计算公式，为

$$\frac{c}{c_0} = \frac{\lambda}{\lambda_0} = \tanh\left(\frac{2\pi h}{\lambda}\right) \tag{4.35}$$

式 (4.35) 描述了浅水中的波速、波长与水深的关系，只要给定波浪周期 T 和水深 h 就可应用该式求得水深 h 处的波速和波长。式中的 c_0 和 λ_0 分别为深水波的波速与波长，可由式 (4.16)、式 (4.17) 根据周期 T 求出，最右端的双曲函数项称为浅水修正系数，可在表 4.4 中根据相对水深 h/λ_0 查得。

波速、波长的变化趋势是随水深变浅而逐渐变小，如图 4.12 所示。

表 4.4 浅 水 修 正 因 子

h/λ_0	$\tanh(2\pi h/\lambda)$	$H/H_0(K_s)$	h/λ_0	$\tanh(2\pi h/\lambda)$	$H/H_0(K_s)$
0.000	0.000	∞	0.095	0.695	0.937
0.002	0.112	2.120	0.100	0.709	0.933
0.004	0.158	1.790	0.110	0.735	0.926
0.006	0.193	1.620	0.120	0.759	0.920
0.008	0.222	1.510	0.130	0.780	0.917
0.010	0.248	1.430	0.140	0.800	0.915
0.015	0.302	1.310	0.150	0.818	0.913
0.020	0.347	1.230	0.160	0.835	0.913
0.025	0.386	1.170	0.170	0.850	0.913
0.030	0.420	1.130	0.180	0.864	0.914
0.035	0.452	1.090	0.190	0.877	0.916
0.040	0.480	1.060	0.200	0.888	0.918
0.045	0.507	1.040	0.210	0.899	0.920
0.050	0.531	1.020	0.220	0.909	0.923
0.055	0.554	1.010	0.230	0.918	0.923
0.060	0.575	0.993	0.240	0.926	0.929
0.065	0.595	0.981	0.250	0.933	0.932
0.070	0.614	0.971	0.260	0.940	0.936
0.075	0.632	0.962	0.270	0.946	0.939
0.080	0.649	0.955	0.280	0.952	0.942
0.085	0.665	0.948	0.290	0.957	0.946
0.090	0.681	0.942	0.300	0.961	0.949

续表

h/λ_0	$\tanh(2\pi h/\lambda)$	$H/H_0(K_s)$	h/λ_0	$\tanh(2\pi h/\lambda)$	$H/H_0(K_s)$
0.310	0.965	0.952	0.420	0.990	0.980
0.320	0.969	0.955	0.430	0.991	0.982
0.330	0.972	0.958	0.440	0.992	0.983
0.340	0.975	0.961	0.450	0.993	0.985
0.350	0.978	0.964	0.460	0.994	0.986
0.360	0.980	0.967	0.470	0.995	0.987
0.370	0.983	0.969	0.480	0.995	0.988
0.380	0.984	0.972	0.490	0.996	0.990
0.390	0.986	0.974	0.500	0.996	0.990
0.400	0.988	0.976	∞	1.000	1.000
0.410	0.989	0.978			

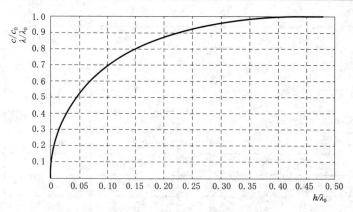

图 4.12　波速、波长随水深变浅的变化

忽略海底摩擦等能量损耗，假定波浪传播中周期不变，由两波向间的能量守恒可得到水深变浅的波高变化公式，为

$$\frac{H}{H_0}=\sqrt{\frac{b_0}{b}}\sqrt{\frac{n_0 c_0}{nc}}=K_R K_S \tag{4.36}$$

式中：b 为波向线间距；n 为波能传递率；下标"0"表示深水；K_R 为折射系数；K_S 为浅水系数。

式（4.36）反映出波高变化与水深的变化及波向的折射有关。

折射系数（refraction coefficient）K_R 反映的是折射因子 $\sqrt{\dfrac{b_0}{b}}$ 对波高的影响。在波向线发生辐聚时，有 $b_0>b$，$K_R>1$，出现波浪能量集中，波高要增大。反之，若波向线发生辐散，有 $b_0<b$，$K_R<1$，波浪能量将发散，波高要减小。前者发生在海岬这样的地方，后者则发生在海湾。只有等深线平行于海岸时波浪折射才不会发生。

浅水系数（shoaling coefficient）K_S 反映的是波动能量传递速度 nc 在水深变化时对

波高的影响。

水深变浅带来波速的变化和波向的折射，其结果使得波高在增大。局部波高的增大往往带来波能集中，是造成港岸堤坝损坏的主要原因。

4.3.2 波浪折射

传至浅水区域的波浪，会因不同水深的波速变化而引起波向发生变化，这种现象称为波浪折射。其结果是影响近岸浅水波的波高及其波浪能量的分布变化。

如图 4.13 所示，等深线两侧的水深和波速分别为 h_1、h_2 和 c_1、c_2，波峰线与等深线间的夹角分别为 α_1、α_2。

波向线上的点 A、B 经过 dt 时间后运动到点 A'、B'，其移动距离分别为 $AA' = c_1 dt$，$BB' = c_2 dt$。由图中简单几何关系可见 $\sin\alpha_1 = \dfrac{c_1 dt}{A'B}$，$\sin\alpha_2 = \dfrac{c_2 dt}{A'B}$，则

$$\frac{c_2}{c_1} = \frac{\sin\alpha_2}{\sin\alpha_1} \tag{4.37}$$

因为 $h_1 > h_2$，所以有 $c_1 > c_2$、$\alpha_1 > \alpha_2$，波向发生转折。由此可见，深水来波在经过等深线时，波峰线趋向与等深线平行，波向线趋向与等深线逐渐垂直。这导致外海传至近岸的海浪波峰线在传向岸边的过程中趋向与海岸平行。

波向的改变导致波能发生辐聚和辐散现象，如图 4.14 所示。在海底凸出的海岬处出现波能辐聚，产生较大的波浪；在海底凹进的海湾出现波能辐散，波浪波高较小。

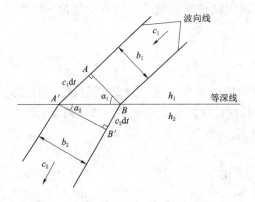

图 4.13 波浪折射图

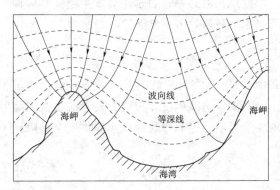

图 4.14 波能的辐聚、辐散现象

4.3.3 波浪破碎

波浪在传播过程中，受到风、水深等外界因素的影响，波剖面将发生变化，前侧变得越来越陡，后侧变平缓，在波陡达到一定值时就会造成波浪的破碎。此外，当波峰水质点运动速度大于或等于波速时，波浪的传播速度亦将不稳定而同样会造成波浪破碎。Stokes 给出深水波的波面在发生破碎时的波峰峰尖夹角约为 $120°$，Michell 给出此时的极限波陡理论值为 $(H_0/\lambda_0)_{max} = 0.142 \approx 1/7$。

传至浅水近岸的波浪由于受到海底摩擦及地形等的变化影响，波长变短。波高增大，波陡会迅速增大而发生波浪破碎，Michell 给出浅水区域的极限波陡值为 $(H/\lambda)_{max} = 0.142\tanh kh$。它造成的波能耗散及产生的波、流等对海岸工程及海岸地形都有很大的冲

击力，具有破坏性。由 McCowan 给出的极限波高值为 $(H/\lambda)_{max} = 0.78$，这是对浅水波（孤立波）破碎极限的另一种几何衡量指标。

波浪破碎的现象极其复杂，由此带来波浪的特性发生突变，一般的波动理论亦不再适用，需要专门进行研究，按照波浪的破碎方式，破碎波可分为崩破波、卷破波和激破波。

在浅水近岸区域发生的波浪破碎将会把许多海水带去碎波区，然后这些多余海水又重新返回大海就形成了离岸流。在离岸流之间顺着海岸边则会产生沿岸流。沿岸流沿着海滩运送泥沙，而离岸流则挟带大量的泥沙流向海洋，这些岸边海流对海岸地形的形成及近岸泥沙的搬运有着重大的影响。

4.3.4　反射和绕射

波浪在行进过程中遇到岸壁或人工障碍物时将发生部分或全部反射，从而改变原来来波的运动性质，不同形式的结构物与岸壁有着差别很大的反射特性，其中全反射的结果将形成驻波。反射波的发生与反射体的几何形状、所在的相对水深及波陡等因素有关，一般用反射系数 K_R 来描述反射的程度，表示为

$$K_R = \frac{H_R}{H_I} \tag{4.38}$$

式中：H_R 为反射波波高，m；H_I 为入射波波高，m。$K_R = 0 \sim 1$，在无反射与全反射之间变化。理想的全反射发生在前进波作用垂直直壁上时，此时的反射波的传播方向与入射波相反，两者叠加的结果是形成不向任何方向传播的驻波。

波浪在遇到障碍物时还会发生绕到其后面水域继续传播的现象，这称为波浪的绕射。绕射用绕射系数 K_D 来描述，表示为

$$K_D = \frac{H_D}{H_I} \tag{4.39}$$

式中：H_D 为绕射波波高，m。绕射将产生波浪动能的横向传递，导致绕射波波高的减小。在港口防波堤设计布置上要考虑波浪的绕射特性，以减小港内水域的波动幅度，为港内各类船舶的停靠和装卸作业提供安全保障。

4.4　内　　波

海洋几乎到处都是稳定的分层结构。因此，向上移动的水块和较低密度的水体相遇时，会向下回落，反之亦然。这导致振荡，形成波。内波主要通过潮汐〔与地形相互作用并产生内部潮汐（斜压潮）〕和风〔搅动混合层，产生频率接近惯性频率的内波（与地球旋转相关）〕形成。

4.4.1　界面内波

两种不同介质分界面上发生的波动称为内波（internal wave）。海洋内波是指发生在具有稳定层结的海洋内部的一种波动，其回复力是重力与浮力的合力以及地转惯性力，所以内波也被称为内重力波或内惯性重力波。内波的周期可从几分钟到几十小时，振幅从几米到上百米，波长从几百米到几百千米。

海洋中的内波和海水的表面波都是界面波，两者之间虽然没有本质的差别但是也存在

很多的不同，表面波是发生在密度差很大的空气和海水之间界面上的波动，其回复力是重力。由于海洋内部的密度差远小于大气和海水的密度差，相当于将密度分层介质放置于微重力场中，因此，约化重力加速度通常只有重力加速度的千分之几，从而即使很小的扰动也可能产生振幅很大的海洋内波。内波的恢复力为科氏力与弱化重力，正因为其恢复力很弱，所以其运动比表面波慢得多，无论是它的传播速度与水质点的运动都很慢，而以相同的能量激发界面波与表面波时，内波的振幅约为表面波的 30 倍。此外，由于海洋内部层结的垂直分布，使得内波的能量既能在水平方向上传播也能在垂直方向上传播，而表面波的能量只能在水平方向上传播。背景流场的改变及水体层结状况的改变，均会对内波的结构产生较大的影响，因此，相对于表面波的观测，对内波的观测要困难很多。海洋内波具有许多表面波所没有的特性，难以像表面波那样直接测量，观测比表面波困难，对内波的激发、传播与消亡机制等的认识还在研究之中。

界面内波如图 4.15 所示。这种内波与表面重力波特别相似：沿水平方向传播，在两层之间的明显界面中上下起伏。设界面密度是 ρ_1 和 ρ_2，表面重力波的主要变化是两层之间的密度差 $\Delta\rho = \rho_1 - \rho_2$。界面内波的相位和群体速度与浅水表面波（式 4.18 和式 4.19）相同，为

$$C_p^2 \approx g\frac{\Delta\rho}{\rho}H_1 \equiv g'H_1 \qquad (4.40)$$

式中：H_1 为上层的平均厚度；ρ 为平均密度，kg/m^3；g' 为约化重力加速度，N/kg。这里是假设在式（4.40）中，第 1

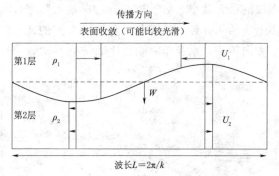

图 4.15 两层流体中的简单界面内波示意图

层比第 2 层浅得多；如果它们具有相当的深度，则 H_1 将变成两层深度的更复杂组合。

在图 4.15 中，波正在向右传播。图中心节点处的水（波峰和波谷之间的零）正在向下移动，波峰波谷处水平速度最大。由于在同一层中波峰与波谷处流向相反，这将导致水质点运动的辐聚辐散，在峰前谷后出现辐散区，在谷前峰后形成辐聚区。若振幅较大，在海面处会呈现出由它们引起的条状分布图案，辐散区呈光滑明亮条带，辐聚区呈粗糙暗淡状态的条带。

内波分为高频内波、内潮波、内孤立波，在海洋中起着多种作用。在太阳辐射下，海水呈现的一个基本特征是具有稳定的垂向层结，因此，内波是海洋中普遍存在的现象，对内波的研究具有重要的意义。首先，内波破碎所带来的混合有利于海洋中营养物质的重新分配，在海岸环境中，内波也能传输热量、动能、营养物质、污染物、沉积物等，从而对生态环境产生影响。其次，内波活动对海洋观测、海洋工程、海上军事活动也会产生重要的影响。内波虽然不像海面波浪那样汹涌澎湃，但它隐匿水中，暗中作祟，常使人防范不及，故有"水下魔鬼"之称。内波的破坏力主要是产生内波的跃层，上下会形成两支流向正反两个方向的内波流。这种内波流速度可高达 1.5m/s，犹如剪刀一般，破坏力极大。内波在传播过程中所引起的强的剪切及带来的海水的辐聚辐散，对海洋工程（如海底输油管道、船只等）产生极大的破坏。加拿大戴维斯海峡深水区的一座石油钻探平台，就曾遭

内波袭击而不得不中断作业，为此，美国英特俄辛公司为其安装了内波预警系统，以保障其安全作业。内波峰高谷深，垂直作用也很大。1963 年，美国"大鲨鱼"号核潜艇，在距马萨诸塞州海岸外 350km 处突然沉没并造成艇上 129 人无一生还，事后分析表明，潜艇下沉的原因是"大鲨鱼"号核潜艇在水中航行时，遇到了强烈的内波，内波将其拖曳至海底而被压碎。此外，在物理海洋学研究中，内波是海洋能量级串的一个重要环节，通过内波，可以将能量从含能高的大尺度运动传递给含能低的小尺度运动过程，对海洋内部能量的传播起到非常重要的作用。内波破碎所引起的强烈的垂直运动，可以将上层海水的能量带到下层海水，从而使得海水的能量由表层进入深层。内波破碎所引起的湍流混合被认为是深海混合的主要能量来源，同时在维持大洋热盐环流过程中起着决定性的作用。

4.4.2　密度连续变化的海洋中的波

　　垂直层结是描述这些波的最重要的外部海洋性质。Brunt - Vaisala（浮力）频率 N 是内波的最大频率。对于更高分层，最大频率较高（较高的 N）。内波周期从稳定分层的海洋上层的几分钟，到不稳定分层的深海的几小时。处于 Brunt - Vaisala 频率的波完全以水平方向传播，水粒子完全以垂直方向移动，分层出现最大化（图 4.16）。

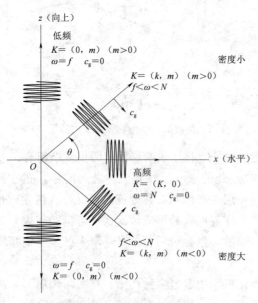

图 4.16　内波性质示意图

海洋中的内波是指对一个旋转的、层结的、不可压缩的流体中小的扰动的响应。在 Boussinesq 近似（即忽略海洋密度的变化，控制方程中仅保留运动方程中含重力加速度项的密度）和线性理论下，对于不可压缩、无黏性的层结流体，内波运动方程如下：

不可压缩：

$$\frac{\partial u}{\partial x}+\frac{\partial v}{\partial y}+\frac{\partial w}{\partial z}=0 \tag{4.41}$$

动量方程：

$$\frac{\partial u}{\partial t}-fv=-\frac{1}{\rho_0}\frac{\partial P}{\partial x} \tag{4.42}$$

$$\frac{\partial v}{\partial t}+fu=-\frac{1}{\rho_0}\frac{\partial P}{\partial y} \tag{4.43}$$

$$\frac{\partial w}{\partial t}=-\frac{1}{\rho_0}\frac{\partial P}{\partial z}-\frac{\rho}{\rho_0}g \tag{4.44}$$

连续性方程：

$$\frac{\partial \rho}{\partial t}+w\frac{\partial \rho_0}{\partial z}=0 \tag{4.45}$$

式中：u、v、w 分别为东西向、南北向和垂直方向的流速，m/s；p 为压力，Pa；ρ 为密度，kg/m³；ρ_0 为参考密度，kg/m³；g 为重力加速度，m/s²；f 为局地惯性频率，$f=2\Omega\sin\Psi$，Ω 为地球自转的角速度（$7.292\times10^{-5}s^{-1}$），Ψ 为纬度。

　　从式（4.41）～式（4.45），可以导出内波方程：

$$\frac{\partial^2}{\partial t^2}[\nabla^2 w] + f^2\frac{\partial^2 w}{\partial z^2} + N^2\nabla_h^2 w = 0 \tag{4.46}$$

其中 $\quad\quad\quad\quad \nabla=[\partial/\partial x,\partial/\partial y,\partial/\partial z], N=\sqrt{-\frac{g}{\rho_0}\frac{\mathrm{d}\rho_0}{\mathrm{d}z}}$

式中：N 为浮力频率或重力稳定频率；下标 h 为对水平面的导数。浮力频率是海洋动力学的一个重要环境参量。当 $N>0$ 时，表示流体具有稳定层结，即轻水在上，重水在下；当 $N<0$ 时，表示流体不稳定，此时内波无法形成。

在连续层结中，浮力频率 N 为常数，在假设线性内波为平面波情况下，引入形式解：

$$[u,v,w,p]=[U_0,V_0,W_0,P_0]e^{i(kx+ly+mz-\omega t)} \tag{4.47}$$

式中：k、l、m 分别代表 x、y、z 方向的波数；ω 为频率。

将式（4.47）代入式（4.46）得到线性内波的频散关系式：

$$\omega^2=\frac{N^2(k^2+l^2)+f^2 m^2}{k^2+l^2+m^2} \tag{4.48}$$

式（4.48）可变形为

$$\alpha^2=\frac{\omega^2-f^2}{N^2-\omega^2}=\frac{k^2+l^2}{m^2} \tag{4.49}$$

式中：α 为波射线斜率，即内波传播轨道与水平方向的斜率。

根据式（4.49）可得到线性内波（自由内波）的频率范围为 $f<\omega<N$。

因为内波可以有以小时计算的周期，所以低频内重力波受地球旋转的影响。最低频波是纯惯性波，其频率等于科里奥利参数 f。其粒子运动完全在水平面上，没有能够受垂直分层影响的垂直分力。因为 f 取决于纬度（赤道处为 0，极点处为最大值），所以允许的频率范围取决于纬度以及层结。

式（4.48）为连续分层流中内波的完全频散关系。通常假设 N 没有变化并且 f 是常数来简化关系式（恒定纬度）。即使针对复杂的分层，式（4.48）仍然是一个很接近于当地内波行为的近似值。

从 f 到 N 的内波频率完全由波速与铅直方向的角度决定（图 4.16 中的 θ）。随着波矢从水平向垂直方向倾斜，水粒子的层结越来越小，且频率降低直至最终达到其最小值 f。频散关系式（4.48）表明，这完全不同于表面重力波和界面波。频率不取决于实际波数，仅取决于相速度方向与水平面的角度。

内波的群速 c_g 正好与相速 c_p 成直角。因此当波形向斜上（下）传播时波动能量向斜下（上）传播，即物质输运方向为斜下（上）传播。最后，最高频率 N 和最低频率 f 内波的群速在所有方向都为 0（向上以及水平）。

在接近惯性频率（接近 f）时，向上相速伴随着向下群速，并且粒子以几乎是圆形的椭圆顺时针运动。因为科里奥利参数 f 在赤道处为 0，所以在赤道地区可以发现频率很低的内波，其周期为多天（纬度 3°周期为 10 天，赤道处为无穷大）。

水柱中的内波主要是由在表面混合层产生干扰的风和底部地形上的潮汐搅动产生。然后，内波将能量从干扰处传播到海洋内部，内波之间的非线性相互作用，将使能量传播到其他频率的内波中。

一般根据调和分析法，通过消除非内波成分的滤波器来观察滤波。由于一个地方观察的内频率谱与另一个地方如此相似，因此人们花费了数十年的时间，开始对局部形成的频谱变化进行阐述。Garrett 和 Munk 介绍了内频率谱的一般形式，他们后来修改的波谱是 Garrett - Munk 79 频谱，这种频谱仍然在广泛地使用。目前人们对内波分布和形成的大部分了解，都来对近乎普遍的（经验的）波谱形状成因的理解，以及对这种形状差异的描述。

如果潮汐的频率在 f 和 N 之间，掠过海底地形时会产生内波。因为方向完全由频率决定，所以可精确预测出相对于潮成内波垂线的传播方向。

通常随着波向海岸附近的浅水传播，能量可以在内波中叠加，并产生孤立波或孤立子的大规模局部干扰。内部孤波与在岸上或海峡上移动的潮汐相关。在许多地方已经观察到内部孤立波（图 4.17）。2010—2014 年，中国海洋大学在吕宋海峡以西海域开展"南海内波实验"，建立了迄今为止南海内波最大实测数据库。其中包括 2013 年 12 月 4 日在吕宋海峡西侧（120°13′12″E，20°34′12″N）水深 3847m 处，测得内孤立波最大西向峰值流速 2.55m/s、最大振幅 240m，这是迄今为止见于报道的全球海洋观测到的内孤立波最大振幅值，如图 4.17 所示。南垂直温度剖面可见，该孤立波为下压型。当 18:36 UTC 孤立波前沿到达测站前，12℃水温等温线位于 300m 水深；而当 19:04 UTC 孤立波波峰通过测站时该等温线下压至 540m，即在 28min 时间内等温线下压了 240m。因为具有短周期、大振幅、强流速和极强的非线性等特点，对海洋内部的能量收支、海洋环境变化和声学传播过程都具有重要影响。并且，内孤立波经过时会使得局地海洋水体的垂向流速急剧增大、在海洋内部形成相反的剪切作用力，会对海上石油平台和舰艇水下航行的安全产生重大威胁，因此内孤立波对海洋能量收支、海洋生态环境变化、海上石油平台安全和国防军事活动均有十分重要的影响。

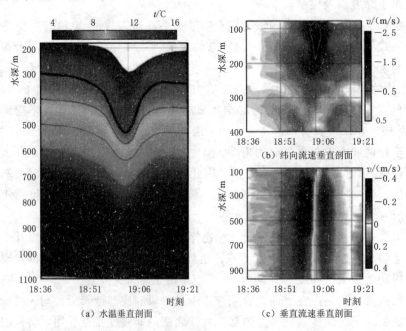

（a）水温垂直剖面　　（b）纬向流速垂直剖面　　（c）垂直流速垂直剖面

图 4.17　全球最大振幅内孤立波水温和流速剖面分布

4.5 海啸与风暴潮

海啸（tsunami）与风暴潮（surge storm）是地球上的两大海洋灾害，它们时时威胁着沿海城市的安全，也影响着海洋工程及港口、海岸的安全。由海啸和风暴潮产生的长周期波将引起海洋水面的上下振荡，是海洋工程结构物的结构标高确定的依据。

4.5.1 海啸

表面重力波可以由海底地形的剧变和其他大型突发事件（如水下滑坡、陨石撞击和水下火山爆发）形成。如果在断层一侧的底部突然发生海底地震，结果会造成海水在与底部位移相同幅度的断层上方从顶部向底部转移。突然的海水位移将产生称为海啸的表面重力波。海啸波长为数百至数千千米。因为这远远大于海洋深度，所以海啸是一个浅水波。因此，海啸在海洋中从一点传播到另一点的速度和时间由海洋深度确定。频率为 10min～2h。在深度为 4000～5000m 的开阔大洋，海啸速度为 200～220m/s（17280km/d），因此海啸只需花费 1 天时间就能穿过大型海洋盆地，如太平洋或印度洋。

在广阔的海洋区域中，海啸的传播几乎没有衰减。大部分能量集中在初始波群中。海啸最初抵达时，海平面可能上升或下降。峰顶的形状和缺口以及扩散，取决于地震引起的初始形变形状以及海底地形。

底部平坦的海洋中，理想海啸的所有能量最初分布在以地震为中心的圆圈周围。随着海啸的前进，圆半径增加，沿着圆周的单位长度能量减小。海啸在穿过深层地形部位时会发生折射和散射，导致一些地区的能量密度较低，而在其他地区较高。大洋中脊可以作为海啸波的波导管。

当海啸到达浅水大陆斜坡时，其波速减小，波向如其他表面重力波一样趋向垂直岸线。其部分能量可以从陆架反射，部分可以产生波浪。因为海啸波长很长，所以波陡很小。浅水海啸像激散波型一样，在其破碎期间抵达海滩之前，几乎没有能量损失。海底地震的准备阶段振幅可达 10～30m。由于强度较大，海啸可以在短时间内（波浪期的一半时间，大约 0.5h 或更短的时间）淹没大片沿海地区。

海啸能量可以通过海洋中部地貌以及特定大陆架和港口的自然共振辐聚。例如，因为在海啸穿过海洋时海上的曼多细诺断裂带以及当地大陆架和海港的自然共振聚集海啸能量，美国加利福尼亚州克雷森特市特别容易受到大海啸的威胁。

海啸是一种具有强大破坏力的海浪。水下地震、火山爆发或水下塌陷和滑坡等大地活动都可能引起海啸。海啸是由一系列海浪组成的，从海啸的第一个浪头到达岸边到整个海啸结束，持续时间能够达到好几个小时。呼啸而来的海浪高达 9m，特大海啸发生时，海浪甚至超过 30m。海啸的波长通常超过 100km，而海啸运动的时速也高达数百千米，海啸的能量同样也是惊人的，重达数吨的岩石混杂着船只、废墟等会随着海浪的运动向内陆前进数千米，甚至会沿着入海的河流逆流而上，沿途地势低洼的地区都将被淹没。通常，地震是引发海啸的主要原因。当地震在深海海底或者海洋附近发生时，地壳运动造成海底板块变形，板块之间出现滑移，这造成海水大量的逆流，并引发海水开始大规模的运动，形成海啸。海底山崩塌方则是因地震或海底火山爆发所引发，山崩塌方落下的沉积物和岩石也会导致大规模海水的运动，从而引发海啸。而因宇宙天体的影响而诱发海啸的情况则最不常见，通常陨石坠落海洋中会激起波浪，当陨石激起的波的能量足够强大时，也会引发海啸。

历史上有多次记载海啸造成的危害。最近在地球上发生的最大及最悲惨的一起海啸灾害是 2004 年 12 月 26 日，在印度尼西亚苏门答腊岛西北近海发生的里氏 8.9 级的大地震引发的巨大海啸，史称印度洋海啸。它造成的遇难者总人数近 30 万人，数小时内袭击了印度尼西亚、泰国、马来西亚、印度、斯里兰卡、孟加拉国、缅甸、马尔代夫、索马里，使许多城市被淹、房屋被毁，给周围沿海的国家带来巨大财产损失和人员伤亡。而于 2011 年 3 月 11 日在日本东北地区由里氏 8.8 级大地震引发的大海啸波高 10m，不仅造成了 2 万多人死亡或失踪及重大经济损失，更是引发福岛核泄漏事故，给日本及太平洋周边国家带来了核污染和核恐慌担忧。

海啸一般由里氏 6.5 级以上、震源在海底 20～50km 以浅的海底地震引起。由于现有的科学技术还无法预报海底地震的发生，自然对海啸的预报无法实现，对付海啸的有效方法只能是监测与提前预警，地震监测系统可以确定发生地震的强度和位置，沿岸岛屿验潮站通过观测潮位的异常变化能确定海啸波的到达，建立由海底地震仪、海底计浪器、海底压力计、浮标、卫星、地面接收站等组成的全天候的海啸动态监测、预警和应急管理系统。

海啸预警的物理基础在于地震波传播速度比海啸的传播速度快。地震纵波即 P 波的传播速度为 6～7km/s，比海啸的传播速度要快 20～30 倍，所以在远处，地震波要比海啸早到达数十分钟乃至数小时，具体数值取决于震中距和地震波与海啸的传播速度。

目前，美国的预警时间为 20min，日本则是将全国分为 66 个海啸预报区，在地震发生后，日本国家气象厅在 3min 内要报出地震强度，大约 5min 要做出海啸预报。而我国的海啸预警系统在快速响应、准确预警上与其他一些国家相比还存在很大差距，目前能够实现越洋海啸 30min 预警、区域海啸 20min 预警、局地海啸 15min 预警。

4.5.2 风暴潮

海平面受当地暴风系统的影响而将水带到岸上。风暴来临时的大气压非常低，风力强劲。低压在风暴中局部升高海平面。风引起的大浪，在海岸上形成明显的增水现象。风也可以将水带到岸上。两者都导致当地海平面上升，这种现象称为风暴潮。

风暴潮或暴潮（storm surge）是由热带气旋、温带气旋、冷锋的强风作用和气压骤变等强烈的天气系统引起的海面异常升降现象，又称"风暴海啸""气象海啸"或"风潮"。风暴潮会使受到影响的海区的潮位极大地超过正常值。如果风暴潮恰好与海区涨潮相重叠，就会使水位暴涨，海水涌进内陆，造成巨大破坏。我国历史文献中称其为"海溢""海侵""海啸"以及"大海潮"等，把风暴潮灾害称为"潮灾"。

风暴潮的大小取决于风暴强度和海底坡度。对于远离海岸逐渐倾斜并存在浅水的陆架，如北海地区，风暴潮等级可能非常大。当陆架深度梯度很大时，如北美西海岸地区，风暴潮与潮汐相差甚远。许多风暴潮过境时迅速且不明显，但是当发生风暴潮时恰好处于高高潮阶段，它们可能是灾难性的。例如在 1953 年，强飓风与汹涌的大潮淹没了北海的低洼地区。

易受热带气旋影响的低洼地区是风暴潮重灾区。在孟加拉国,1970 年波拉台风和 1991 年孟加拉国台风引起的风暴潮分别高达 10m 和 6m,造成了巨大的生命财产损失。卡特里娜飓风（2005）在墨西哥湾引起了高达约 9m 的风暴潮,是美国历史上最具破坏性的自然灾害。

风暴潮的空间范围一般有几十千米至上千千米,时间尺度或周期为 1~100h,介于地震海啸和低频天文潮波之间。但有时风暴潮影响区域随大气扰动因子的移动而移动,因而有时一次风暴潮过程可影响 1000~2000km 的海岸区域,影响时间多达数天之久。此外,风暴潮的高度与台风或低气压中心气压低于外围的气压差成正比,中心气压每降低 1hPa,海面约上升 1cm。

1. 风暴潮的分类及成因

国内外学者较多按照诱发风暴潮的大气扰动特性,把风暴潮分为由热带气旋引起的台风风暴潮和由温带气旋引起的温带风暴潮两大类。两者的区别在于:由热带气旋引起的风暴潮,一般伴随急剧的水位变化;而由温带气旋引起的风暴潮,其水位变化是持续的而不是急剧的。

风暴潮能否成灾,在很大程度上取决于其最大风暴潮位是否与天文潮高潮相叠加,尤其是与天文大潮期的高潮相叠。如果最大风暴潮位恰与天文大潮的高潮相叠,则会导致发生特大潮灾。例如,1992 年 8 月 28 日至 9 月 1 日,受第 16 号强热带风暴和天文大潮的共同影响,我国东部沿海发生了 1949 年以来影响范围最广、损失最严重的一次风暴潮灾害。潮灾先后波及福建、浙江、上海、江苏、山东、天津、河北和辽宁等省（直辖市）。风暴潮、巨浪、大风、大雨的综合影响,使南至福建东山岛、北到辽宁省沿海的近万千米的海岸线,遭受到不同程度的袭击。受灾人口达 2000 多万人,死亡 193 人,毁坏海堤 1170km,直接经济损失 90 多亿元。当然,如果风暴潮位非常高,虽然未遇天文大潮或高潮,也会造成严重潮灾。一般把风暴潮灾害划分为四个等级,即特大潮灾、严重潮灾、较大潮灾和轻度潮灾。一般风暴潮的形成条件,可概括如下:

（1）有利的地形,即海岸线或海湾地形呈喇叭口状,海滩平缓,使海浪直抵湾顶,不易向四周扩散。

（2）持续的刮向岸的大风,由于强风或气压骤变等强烈的天气系统对海面作用,导致海水急剧升降。

（3）逢农历初一、十五的天文大潮,它是形成风暴潮的主体。当天文大潮与持续的向岸大风遭遇时,就形成了破坏性的风暴潮。

2. 风暴潮的形成过程及特点

首先,风暴中心的低气压区将吸起海水使海面升高。然后,风暴中心周围的强风对海水表面产生湍流切应力,使海水表面形成与风场同样的气旋式环流,再在科氏力作用下,该表面流在北半球向右偏,形成表面海水的辐散。由于海水的连续性,表层海水辐散时,深层海水必然来补偿,这就形成了深层海水的辐聚。

海面受局部低气压的作用,风暴中心部分海面隆起,似一个孤立波随着风暴的移动而传播,在传播过程中形成了由风暴中心向四面八方传播出去的自由长波。当该自由长波传播到大陆架浅水区域时,特别是风暴所携带的强迫风暴潮爬上大陆架浅水水域时,由于水

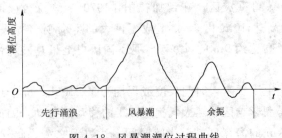

图 4.18　风暴潮潮位过程曲线

深变浅，能量迅速集中，风暴潮也就迅速发展起来。大致可分为三个阶段（图 4.18）：①出现先行涌浪，验潮曲线的记录潮位开始出现微幅的波动，变化缓慢，平均水位在逐渐上升；②在热带风暴经过时，该处潮位急剧升高，称之为主振阶段（风暴潮），也是风暴潮危害最大的阶段。通常风暴潮的主振时间不足 6h，但也有较长的（超过 2d），一般而言，台风的移速越慢，尺度越大，其主振持续时间也就越长；③当风暴潮的主振阶段过去之后，潮位逐渐恢复正常状态。由于地形及其他效应的影响，往往还会存在一系列的振动—假潮或自由波，这一系列的振动称为余振。此时若遇上当地的天文大潮，亦会出现超过警戒水位的高潮位，造成极大的危害，必须加以防范。

3. 风暴潮的成灾机制和方式

（1）在风暴潮的主振阶段，我国沿海的潮高（理论深度基准以上）可达 7～8m，虽然时间不长，但风暴潮积累的大量能量消耗于此阶段，因此它可在短时间内产生极强的破坏力。在下列情况发生时，风暴潮极有可能酿成极其严重的后果：

1）在风暴潮的主振阶段，若天文大潮和台风风暴潮及短周期海浪叠加，极易造成沿海地区的风暴增水值超过当地警戒水位，形成严重灾害。

2）在风暴潮的余振阶段，最危险的情形在于它的高峰恰与天文潮高潮相遇，此时形成的实际水位完全有可能超过当地的警戒水位，从而再次泛滥成灾。

3）当风暴携带风暴潮的运行速度接近当地的重力长波的波速时，会发生共振现象，共振的结果是导致异常的高水位，波阵面非常陡峭，极易成灾。

（2）风暴潮对我国沿海的影响是灾难性的，它除造成大量的人口死亡，疫病流行外，还会造成生态环境的破坏和巨大的经济损失，具体表现在以下四个方面：

1）工程设施的破坏。据统计，每次风暴潮都对海堤、挡浪墙、挡潮闸等防护工程产生不同程度的破坏，并会冲毁和破坏沿海的通信设施、公路、桥梁、涵洞、码头和房屋。

2）海岸湿地生态系统的破坏。风暴潮携带大量海水淹没沿海大量农田、盐田，并冲毁渔场等海滩养殖场，加速了海岸湿地生态系统自然资源的退化，使得区域生产力降低，阻碍了我国沿海经济的持续发展。

3）盐水入侵。我国大河三角洲地区都是风暴潮频发地区，风暴潮会造成严重的盐水入侵现象，使地下水遭到污染、耕地盐渍化。

4）海滩侵蚀。暴风浪具有极其陡峭的波陡，当它抵达海滩时，巨大的水体资源不断地涌上滩面，海滩很快达到饱和，地下水位变得与滩面一致。因此，回流几乎等于上冲流，接近休止状态的滩面物质遭受大量侵蚀，而重力作用又加强了回流对滩面的侵蚀。风暴潮增水及表层水体向岸、底层水体向海的环流，扩大了风暴浪侵蚀的范围和能力，使近底部向海流动的回流的挟沙能量增大。

习   题

1. 简述波的基本特点。
2. 简述相速度和群速度的公式及区别。
3. 简述风浪和涌浪的特点和区别。
4. 简述 $H_\frac{1}{3}$ 和 $H_\frac{1}{10}$ 波高的定义。
5. 简述内重力波和表面波的区别。
6. 简述浅海近岸的海浪特性。
7. 简述海啸和风暴潮的特点。
8. 风暴潮对我国沿海的影响有哪些?

第5章 海 洋 潮 汐

5.1 海 洋 潮 汐 概 述

潮汐现象是发生在海洋中的一种自然运动现象，表现为海水在月球、太阳等天体引潮力（tide-generating force）的作用下产生的周期性水平运动，同时，伴随着海面的周期性垂直升降运动。前者称为潮流（tidal current），后者一般称为潮汐（tide），二者互伴互生，遵循同样的规律。因为潮汐由天体的引潮力引起，其中月球与太阳起着主要作用，所以又称之为天文潮，其中由月球的引潮力引起的潮汐称为太阴潮（lunar tide），由太阳的引潮力引起的潮汐称为太阳潮（solar tide）。

每日一次或两次涨落的潮汐和它们的长期变化是最容易预测的海洋现象。水在涨潮期间堆积在海岸，并在退潮期间逐渐消失。当与深海内潮相关的波碰到海山、山脊或者海岸时，它们发生破碎，并形成湍流，成为深海中的能量主要耗散来源。古人们将见到的海水涨落"昼涨称潮，夜涨称汐"，两者合之称为"潮汐"。如今人们一般将海面的一涨一落合称为一个潮汐周期。

由于地球和月球、太阳等天体之间存在相对运动，相互间的相对位置在不断地发生变化，从而导致引潮力随之发生变化，在世界各地产生多种类型的潮汐现象。在浅海近岸和港湾地区的潮汐由于受水深及海岸地形等的影响作用大，造成潮汐性质复杂和潮差很大，潮汐所带来的能量巨大。

潮汐反映的是一种海面长周期性的波动，带来的是水面高程发生变化，它所产生的最高水位和最低水位及潮流的大小和方向等与海洋工程结构物和港湾堤岸等的设计、施工、生产与安全等密切相关，高低潮高度及其出现时间关系到进出港口船舶的安全，也是结构物受海水腐蚀严重影响的敏感部位，需要采取特别的防腐手段。影响水位变化的因素众多，这包括地理地形及气象气候因素等，具有短时间到长时间的变化规律，为此对这些特征水位值需要在历史资料的基础上进行统计分析，为海洋工程结构物设计和使用需要提供多年一遇的潮位（tide level）极值。

5.1.1 潮汐要素

潮汐要素用于描述潮汐涨落的运动特征。其中一个潮汐周期内潮位的上升过程称为涨潮（flood tide），在潮汐的一个涨落周期内达到的最高潮位称为高潮（high water，high tide）。在达到高潮后的一段时间内，海面处在不涨不落的暂时平衡状态，时间持续各地不等，这称为平潮（still tide），平潮的中间时刻称为高潮时。高潮过后，潮位出现下降的过程，这称为落潮（ebb tide），在潮汐涨落的一个周期内潮位降到最低点就称为低潮（low water，low tide）。在低潮的一段时间内，海面暂时不涨不落，这称为停潮（wa-

78

ter stand），而停潮的中间时刻就称为低潮时。图 5.1 所示为各潮汐要素表示的潮位曲线，其中从低潮时到高潮时的时间间隔称为涨潮时，从高潮时到低潮时的时间间隔称为落潮时，这两者之和就是一个潮汐循环的周期。

以上的潮位高度是相对于潮汐的基准面，所以潮汐基准面又称为进行潮位测量的起始面，它一般与海图的基准面相同，起着朝下定深度、朝上定潮高的作用。

海图基准面又称为深度基准面，是海图上用于深度标明标准的起算面。在我国，采用的是"理论深度基准面"，它以多年潮位资料推算出所处位置在理论上可能的最低水深作为海图的深度基准面。

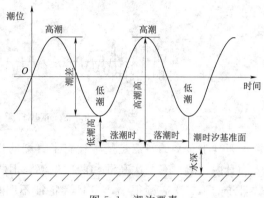

图 5.1 潮汐要素

潮高从潮汐基准面算起，高潮面到潮汐基准面的距离就定义为高潮高，低潮面到潮汐基准面的距离就定义为低潮高，相邻的高、低潮位之差就称为潮差。主要受地球、月球、太阳三者间的相对运动位置影响，潮差大小每天都在发生变化，并随月相盈亏变化周期性地出现潮差最大值和潮差最小值。在大洋中的潮差不大，由平衡潮理论得到的潮差可能最大值也就 78cm，这在大洋岛屿的潮差测量中得到验证，但在大陆的近岸浅水海域的潮差就增大许多，如加拿大的芬迪湾历史上有记录达到 21m，是世界上潮差最大的地方。

5.1.2 潮汐类型

潮汐的涨落因时因地而不同，但在对各处的潮位观测曲线进行分析后都能找出其潮汐变化的规律性，这主要表现为所有潮汐的涨落及潮高、潮差等的变化都有周期性。根据各地潮汐的循环周期性和潮差的不同特点，可将世界各地的潮汐现象大致划分为正规半日潮（semidiurnal tide）、正规日潮（diurnal tide）和混合潮（mixed tide），混合潮又可根据半日潮或日潮占优划分为不正规半日潮和不正规日潮。

正规半日潮是周期约为半日的潮汐，它的主要特点是在每个太阴日（约 24h50min）内发生两次高潮和两次低潮，两个相邻高潮或相邻低潮的潮高相近，相邻涨、落潮时的时间间隔相近（约为 12h24min），两次相邻潮差大致相等，如图 5.2 所示。我国的青岛港、厦门港海区的潮汐具有这种正规半日潮的特点。

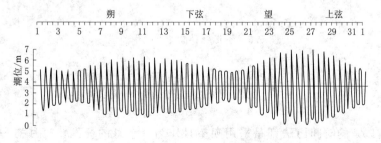

图 5.2 正规半日潮的月过程曲线

正规日潮是周期约为一日的潮汐，亦称正规全日潮。它的特点是在一个太阴日内只有一次高潮和一次低潮，如图 5.3 所示。我国南海的北部湾就是世界上典型的全日潮潮汐海区。

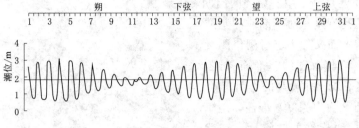

图 5.3　正规日潮的月过程曲线

不正规半日潮的特点是基本具有半日潮的特征，在一个朔望月中的大多数日子里，每个太阴日内一般可有两次高潮和两次低潮，但相邻的高潮或低潮的潮位高度相差很大。有少数日子的第二次高潮很小，半日潮特征不明显（图 5.4）。我国的浙江镇海、福建诏安与香港海区具有这种潮汐特点。

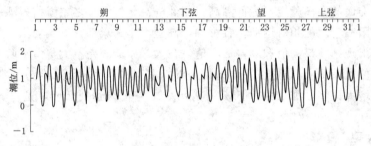

图 5.4　不正规半日潮的月过程曲线

不正规日潮的特征是在一个朔望月中的大多数日子里具有日潮型的特征，但有少数日子出现两次高潮和两次低潮的半日潮特征（图 5.5）。我国的海南榆林海区符合不正规日潮的特点。

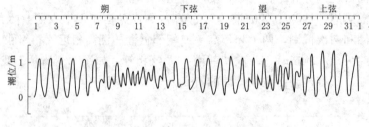

图 5.5　不正规日潮的月过程曲线

5.2　潮汐理论与潮汐现象

我国自古以来的时间历法都是采用朔望月作为一个月的标准，每月初一的月相称为"朔"，满月的月相称为"望"，月相的盈亏圆缺变化与太阳、地球、月球三者之间的相对位置密切相关，如图 5.6 所示。

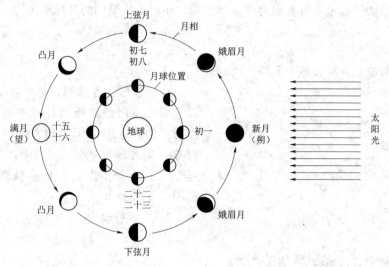

图 5.6 月相与月球位置示意图

对潮汐的发生机理的研究有两个理论：一个是由牛顿提出的平衡潮理论，一个是由拉普拉斯提出的潮汐动力理论。前者是基于海水的重力与引潮力之间的静力平衡，后者是基于潮波的动力传播。两者的研究方法不同，但可互为补充，共同用来解释潮汐的发生机理和各种潮汐现象的发生。

5.2.1 引潮力

海洋潮汐系由天体的引潮力产生，表示为来自天体的引力与地球围绕该天体做圆周运动产生的惯性离心力的合力。它的大小变化规律由地球与其他天体的相对位置和相对运动直接相关，天体运动的周期性也就带来潮汐运动的周期性，使得引潮力随时间有显著的变化。由于月球与太阳的引潮作用机理相同，故可将月球和太阳的引潮力作用分别单独考虑。

1. 公转惯性离心力

地球的一个显著运动是绕地月公共质心做公转平移运动，形成一个圆周运动轨迹，使得地球上各质点都受到一个公转惯性离心力的作用，它们的大小相等、方向相同，如图 5.7 所示。

维持平衡运动下的公转惯性离心力与月球的引力相平衡，则单位质量海水受到的惯性离心力大小可表示为

$$f_1 = -\frac{GM}{D^2} \qquad (5.1)$$

其中 $\qquad G = gr^2/E$

式中：M 为月球质量，kg；D 为月地中心距离，m；G 为万有引力常数；r 为地球半径，m；E 为地球质量，kg。惯性离心力方向背向月球。

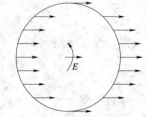

图 5.7 公转惯性离心力

2. 月球引力

地球上的物体都遵守万有引力定律，其单位质量物体受到的月球引力为

$$f_2 = -\frac{GM}{L^2} \tag{5.2}$$

式中：L 为对应质点至月球中心的距离，m。

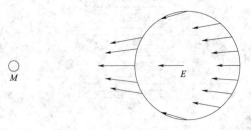

图 5.8 月球引力

由于地球上各点到月球中心的距离不等，以及引力方向始终指向月球中心，这使得各点受到的月球引力大小和方向都不相同。其特点是离月球越近则 f_2 越大，反之，则 f_2 越小，方向都指向月球，但彼此都不平行，如图 5.8 所示。

3. 月球引潮力

惯性离心力与月球引力的合力结果产生月球引潮力，如 P 点的引潮力表示为

$$F_P = f_{1P} + f_{2P} \tag{5.3}$$

由于地球上各点的月球引力存在大小与方向的变化，这使得月球引潮力的大小与方向在各点也不同。一种月球引潮力的典型分布如图 5.9 所示，此时的月球正好位于地球赤道一侧，在地表 A 点由于靠近月球而使得该点的引力大于惯性离心力，合成得到的引潮力指向月球，使该处海水上涨；B 点由于远离月球而使得该点的月球引力小于惯性离心力，其合成得到的月球引潮力背向月球，亦使该处海水上涨；在 C 点和 D 点，该两处的惯性离心力与引力合成得到的月球引潮力指向地心，其作用是使该处海水面下降。

各点引潮力的综合作用使得覆盖地球的海水形成如图 5.10 所示的潮汐椭圆形状，处于一种平衡状态。

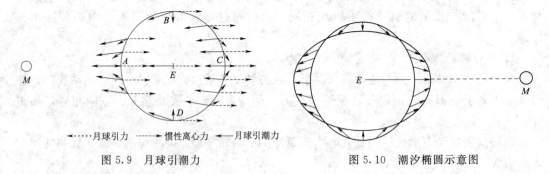

图 5.9 月球引潮力 ◀·······月球引力 ◀─────惯性离心力 ◀────月球引潮力　　　图 5.10 潮汐椭圆示意图

将引潮力投影到水平方向和垂直方向，如图 5.11 所示。前者在 P 点的切向，后者在其径向，经整理得到的水平引潮力为

$$F_h = \frac{3}{2}\frac{gM}{E}\left(\frac{r}{D}\right)^3 \sin 2\theta \tag{5.4}$$

垂直引潮力为

$$F_V = \frac{gM}{E}\left(\frac{r}{D}\right)^3 (3\cos^2\theta - 1) \tag{5.5}$$

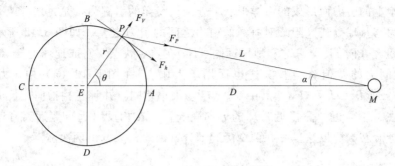

图 5.11　引潮力分解示意图

式中：θ 为天体（即月球）的天顶距，m，为 P 点天顶与天体（月球）在天球上所张的角度。由上式可见，月球引潮力与月球的质量成正比，与月球到地球中心距离的三次方成反比。

换成其他天体也有类似结果，如对太阳，同理可得太阳的水平引潮力为

$$F'_h = \frac{3}{2}\frac{gS}{E}\left(\frac{r}{D'}\right)^3 \sin2\theta' \tag{5.6}$$

太阳的垂直引潮力为

$$F'_V = \frac{gS}{E}\left(\frac{r}{D'}\right)^3 (3\cos^2\theta' - 1) \tag{5.7}$$

式中：S 为太阳的质量，kg；D' 为日地中心距离，m；θ' 为太阳的天顶距，m。

若对各天体的引潮力进行计算比较，可发现由月球产生的引潮力最大，其次为太阳，而由其他天体产生的引潮力作用很小。如将月球和太阳的引潮力进行比较，其中 $S = 27172100M$，$D' = 389D$，则：

$$\frac{F_V}{F'_V} = \frac{M}{S}\frac{D'^3}{D^3} \approx 2.17$$

说明月球的引潮力约为太阳引潮力的 2.17 倍，海洋的潮汐现象主要由月球引起，其次是太阳。

5.2.2　平衡潮理论

牛顿在发现万有引力定律后于 1687 年首先提出了平衡潮理论，这里他假设地球的表面完全被相同深度的海水所覆盖，海水没有运动惯性，不考虑地球自转的效应及海水的黏滞效应，不计海底摩擦力，海面能随时在重力与引潮力的共同作用下保持铅直状态的平衡，这种理想状态的海洋潮汐就是平衡潮。

没有天体引潮力作用下的地球海面将是一个相对静止的圆球面，重力与垂向压强梯度力相平衡，没有潮汐的涨落过程变化。但在引潮力的作用下，海面将发生变形以形成潮汐椭球，其长轴指向月球。由于地球的自转，地球表面相对于椭球形海面就产生相对运动，从而使各点海面发生周期性的涨落，形成周期性的潮汐现象。

由于地球、月球与太阳三者之间的位置存在日变化、月变化和年变化等，这使得地表某点的海面涨落也有相应的随时间变化规律。潮汐静力平衡观点可用来解释潮汐的生产原因、潮汐的周期性基潮位不等现象等。

假设地球是一个完全由水覆盖的星球，没有大陆和各种不同的地形，平衡潮则是由月

球或大阳在水上的引力而形成的海洋形状。施加至海洋的引潮力，是月球（或太阳）对地球质心的引力与月球（或太阳）对海洋的引力之间的引力之差。如图 5.12 所示，这是月心和地心之间力（F_C），与月球和地球远侧（F_A 在"对映点"）或地球近侧（F_S 在"月下点"），之间力的差值（这些陈述也适用于太阳）。在图 5.12（a）中，力的差异是 $T_A = F_A - F_C$ 或 $T_S = F_S - F_C$。其中 T_A 与 T_S 大小相同，并且互相指向相反的方向。这会造成海洋在月下（近）侧接近月球的方向隆起，并在相反（远）侧远离月球的方向隆起。因为地球旋转，所以这里存在两个隆起部分，因此每天发生两次涨潮。

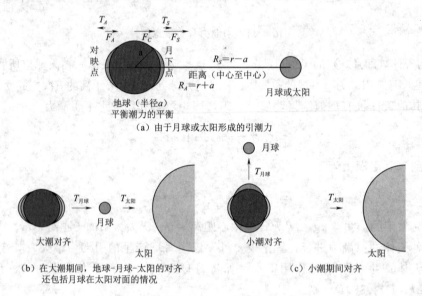

图 5.12　平衡潮

月球和太阳对地球施加引力。1687 年，牛顿发表了两个物体之间重力引力的表达式，即

$$F = G \frac{mM}{r^2} \tag{5.8}$$

式中：F 为重力引力，沿着将两个物体分开的线施加，N；r 为它们之间的距离，m；m 为一个物体的质量（如月球），kg；M 为另一个物体的质量（如地球），kg；G 为牛顿的万有引力常数，取 $6.67 \times 10^{-11} \mathrm{N \cdot m/kg^2}$。

根据式（5.8），在与月球质心之间距离为 R 的海洋上一个点处，月球重力加速度方向为月球方向，加速度值为 Gm/R^2，式中 m 是月球的质量。与此同时，在地球的中心，地球质心的加速度（在围绕地球-月球系统质心的轨道内）方向为月球方向，加速度值为 Gm/r^2，式中 r 是月心到地心的距离。月球到月下点的距离是 $R = R_S = r - a$，a 是地球的半径。月下点处流体块的潮汐加速度方向为月球方向，计算公式为

$$T_S = \frac{Gm}{R_S^2} - \frac{Gm}{r^2} \sim \frac{2Gma}{r^3} \tag{5.9}$$

假设 $a \ll r$，用泰勒级数展开可得出这个近似值。月球到对映点的距离是 $R = R_A = r + a$。对映点处流体块的潮汐加速度为

$$T_A = \frac{Gm}{R_A^2} - \frac{Gm}{r^2} \sim \frac{-2Gma}{r^3} \qquad (5.10)$$

但该加速度的方向为远离月球的方向。图 5.10（a）中示出了这些加速度。因此，在地球面向月球的一侧，地球表面一部分引潮力方向为向月球方向；而在地球的另一面，其方向为远离月球的方向。这完全是因为面向月球那一侧的海洋表面上引潮力大于对地心的引潮力，而月球另一侧的海洋表面引潮力小于对地心的引潮力。

此外，引潮力以引起潮汐的物体距离的负三次方衰减，即牛顿引力以距离的负平方减小 [式（5.8）]。

地球和地球上的观察者在平衡引潮势下旋转，所以当引起潮汐的物体处于地平线上最高海拔时，地球上的观察者可以看到高平衡潮；而当引起潮汐的物体在地平线下最低海拔时，观察者能看到另一个同等大小的平衡潮。当太阳是引起潮汐的物体时，两个最大的平衡潮相隔 12h。然而，当月球是引起潮汐的物体时，因为月球环绕地球的方向和地球自转的方向相同，它们之间的间隔大约是 12h25min。因此，由于月球引起的高、低潮出现频率通常略低于每天两次，高、低潮的时间每天都在变化。根据波进行说明时，这些假设的潮汐在每个阳历天和阴历天分别有两个周期的频率，所以称为半日潮。

当引起潮汐的物体在地球的赤道平面上时，两个高潮大小相等。然而，太阳每年只在地球的赤道平面上出现两次，月球每月仅在这个平面上出现两次。因此，地球上某一特定点处每天两次潮汐的大小不同，称之为日不等。当太阳在离地球赤道平面最远的距离处时，日不等现象最明显，太阳日差在春秋分点处消失。在分至月，月球日差的变化也相似，分至月按照月球在地球赤道平面上经过的连续向北距离进行定义。日差的发生可能对半日潮（每天两个周期）与全日潮（每天一个周期）起到建设性和破坏性作用。因为太阳日差每年消失两次，所以每年会对两个太阳全日潮起破坏作用。

月球平衡潮振幅约为 20cm，远远小于许多海岸和港口观测的实际潮汐，出现这种差异的原因是海岸边界的影响。和月球相比，太阳与地球之间的距离更大，所以尽管它的质量比月球大得多，但太阳潮汐力仅为月球潮汐力的一半（但是，给定地点的太阳潮汐响应可能大于月球潮汐响应）。当地球、月球和太阳对齐时 [图 5.12（b）]，并且当月球完全对着太阳时，月球和太阳的潮汐相互加强，产生非常大的高潮（将这种对齐方式称为朔望）。将此类潮汐称为大潮（每月 2 次）。当月球垂直于地球-太阳轴线时 [图 5.12（c）]，月球和太阳的潮汐不会相互加强，将产生这个月高潮最小的两个时期，将此类潮汐称为小潮。有时将潮汐振幅半月变化的潮汐称为半月潮（fortnight tides）。

月球围绕地球的轨道是椭圆形而不是圆形。因此，每个月月球最接近地球的一次位于近地点，且月潮差最大；每个月月球距地球最远的一次位于远地点，月潮差最小。同样，地球围绕太阳的轨道是椭圆形。当太阳离地球最近时（大约在 1 月 2 日的近日点发生），日潮潮差达到最大值（近地点的大潮）；当太阳离地球最远时（大约在 7 月 2 日的远日点发生），潮差将减小。

地球围绕太阳的轨道平面称为黄道。地球的赤道平面向黄道倾斜约 23°26′。月球轨道的平面向黄道倾斜约 5°，这个倾斜称为月球的偏角。因此，月球的最大偏角约为 28°26′，最小偏角约为 18°26′。月赤纬存在 18.6 年的变化周期，在此期间，月球的偏角从最小值变为最大值。因此，潮差随着 18.6 年的变化周期而变化。

从数学方法上可将周期性的潮汐看作由许多不同周期的潮汐叠加而成，如将潮位曲线分解为许多不同振幅和相位的余弦曲线的叠加，假设每一个分解的潮位曲线，即潮汐都对应有一个天体，这就是假想天体，而这些假想天体对海水所引起的潮汐就定义为分潮。每个分潮曲线由分潮振幅 H 及分潮迟角 g 就可以确定，H 和 g 称为调和常数，因地而异，可由实测潮位过程曲线分析计算得到。

这样得到的分潮数量很多，但在实际应用中通常就选用其中的 8 个主要天文分潮及 3 个主要浅水分潮，见表 5.1。表中的天文分潮中含 4 个半日分潮和 4 个全日分潮，各天文分潮符号字母的下标表示一天的分潮发生周期数。浅海分潮用于描述潮波传至浅水区域时发生的变形等。

表 5.1　　　　　　　　　　　　　　　常用分潮符号、名称、周期等

分潮种类	分潮符号	分潮名称	周期 （平太阳时）	相对振幅 （M_2 分潮振幅取 100）
半日分潮	M_2	主太阴半日分潮	12.421	100.0
	S_2	主太阳半日分潮	12.000	46.5
	N_2	主太阴椭圆率半日分潮	12.658	19.1
	K_2	太阴太阳赤纬半日分潮	11.967	12.7
全日分潮	K_1	太阴太阳赤纬日分潮	25.819	41.5
	O_1	主太阴日分潮	24.066	19.3
	P_1	主太阳日分潮	26.868	7.9
	Q_1	主太阴椭圆率日分潮	23.934	54.4
浅海分潮	M_4	太阴浅海 1/4 分潮	6.210	
	M_6	太阴浅海 1/6 分潮	4.140	
	MS_4	太阴太阳浅海 1/4 日分潮	6.103	

调和分析法通过对当地的实测潮位过程曲线作调和分析，用最小二乘法进行分析计算，结合其天文年历资料得到只与当地地理环境有关的潮汐调和常数，再结合所需预报时间的天文参数进行潮高计算，就可预报当地的高、低潮时和潮位，确定潮汐类型等。在我国，国家海洋局每年都发布全国各沿海主要港口及太平洋等海域的潮汐表，通过它可查得下一年度各海区主要港口的各历时潮位值，每日的高、低潮出现时刻和潮位高程值，沿海各海区的潮汐和潮流状况等。不过，在潮汐表中反映的各地潮汐仅指正常的潮情，没有包括台风、寒潮等气象因素的影响。

根据当地全日分潮和半日分潮的振幅比值大小可在工程实际应用中用来判断潮汐类型。该比值也称为潮型数，其公式为

$$A = \frac{A_{K_1} + A_{O_1}}{A_{M_2}} \tag{5.11}$$

式中：A_{K_1}、A_{O_1}、A_{M_2} 分别为 K_1、O_1、M_2 三个主要分潮的振幅，组成的潮型数用来表示这三个主要分潮（K_1、O_1、M_2）的相对重要性。其中，若 $0 < A \leqslant 0.5$，则为正规半

日潮；若 $0.5 < A \leqslant 2.0$，属于不正规半日潮；若 $2.0 < A \leqslant 4.0$，属于不正规日潮；若 $A > 4.0$，属于正规日潮。

如我国青岛港的潮型数 $A = 0.38$，为正规半日潮；香港海区的潮型数 $A = 1.4$，为不正规半日潮；海南榆林港海区的潮型数 $A = 2.7$，为不正规日潮；东方港的潮型数 $A = 6.48$，为正规日潮。

平衡潮理论提供了清晰的海洋潮汐物理概念，可以解释潮汐的形成和各种潮汐现象的发生，应用调和分析法已实现对各地潮汐的准确业务预报，由其潮高公式计算的最大可能潮差也与大洋中许多岛屿的实际最大潮差相接近等都说明了平衡潮理论的合理性。但是海洋实际潮汐情况复杂，平衡潮理论的假定与实际情况相差很大，它没能考虑海水的运动与实际地形的影响，不能反映浅海近岸几米到十几米的实际潮差，不能综合反映潮位与潮流的关系，无法解释潮流及无潮点等重要现象等。许多无法解释的问题和现象，也说明了平衡潮理论存在的局限性。

5.2.3 潮汐动力理论

17 世纪，英国科学家牛顿根据他提出的万有引力定律第一次对潮汐作了科学的解释，至此，用引潮力说明潮汐的原因，便为大家所接受。继牛顿之后，1775 年，拉普拉斯用动力学方法研究海水在引潮力作用下产生的潮汐运动过程，提出了潮汐动力学理论，进而揭示与说明了海洋潮汐的复杂现象。动力学理论是根据流体动力学的原理和方法，研究海洋中潮波的一种潮汐理论。在潮汐动力理论中，水平引潮力才对海水运动起主要作用，而铅直引潮力因较重力小很多而忽略，同时海水还受地转偏向力、摩擦力及海洋形态的影响。这时的海洋潮汐是海水在月球和太阳引潮力共同作用下产生的一种长期潮波运动，潮波周期一般为 12h 或 24h 左右，波长达数百至上千千米。

垂直方向的潮位变化和水平方向的潮流涨落是反映潮波运动的两个主要特征。潮波有三种运动形式：前进潮波、驻潮波及旋转潮波。前进潮波和驻潮波是不受外界因素影响的一种理想状态下的潮波运动，而实际潮波往往会受地形、地转偏向力及摩擦力等因素的影响而呈现为旋转潮波的形式。根据潮波的振动周期是否受到外力的控制又可将振动划分为强迫振动和自由振动。由于大洋中的潮汐波振动往往是由天体引潮力所引起，其振动周期与天体引潮力的周期相一致，所以它属于强迫振动，称为强迫潮汐。大洋边缘的海域面积有限，引潮力直接作用引起的潮波还不如由旁边大洋传播而来的潮波大，这种超波属于自由振动类型，称为自由潮波。

潮波运动的基本方程包括压强梯度力、科氏力、天体引潮力、摩擦力等。假设流体不可压缩，其水平方向的运动尺度远远大于垂直方向的运动尺度，即垂向满足静力平衡。直角坐标系下的潮波运动方程为

$$\frac{\partial u}{\partial t} + u\frac{\partial u}{\partial x} + v\frac{\partial u}{\partial y} + w\frac{\partial u}{\partial z} = -\frac{1}{\rho_0}\frac{\partial p}{\partial x} + fv + A_h\left(\frac{\partial^2 u}{\partial x^2} + \frac{\partial^2 u}{\partial y^2}\right) + A_v\frac{\partial^2 u}{\partial z^2} + F_x \quad (5.12)$$

$$\frac{\partial v}{\partial t} + u\frac{\partial v}{\partial x} + v\frac{\partial v}{\partial y} + w\frac{\partial v}{\partial z} = -\frac{1}{\rho_0}\frac{\partial p}{\partial y} - fu + A_h\left(\frac{\partial^2 v}{\partial x^2} + \frac{\partial^2 v}{\partial y^2}\right) + A_v\frac{\partial^2 v}{\partial z^2} + F_y \quad (5.13)$$

$$0 = -\frac{1}{\rho}\frac{\partial p}{\partial z} - g \quad (5.14)$$

其中

$$f = 2\omega\sin\varphi$$

连续性方程为

$$\frac{\partial u}{\partial x} + \frac{\partial v}{\partial y} + \frac{\partial w}{\partial z} = 0 \tag{5.15}$$

式中：u、v、w 为沿 x、y、z 轴方向的流体运动速度，m/s；ρ_0 为流体密度，kg/m^3；p 为压强，Pa；f 为科氏力系数；ω 为地转角速度，9.29×10^{-5} rad/s；φ 为纬度，（°）；A_h、A_v 分别为水平和铅直涡黏扩散系数，Pa·s；F_x、F_y 为分别沿 x、y 轴方向的水平引潮力，N，若是针对大洋附属海的自由潮波，该水平引潮力可忽略不计。

以上方程需在一定的边界条件下求解，这些边界条件是海面边界条件、海底边界条件及开闭边界条件。

海面边界条件为

$$-\frac{\partial \zeta}{\partial t} - u\frac{\partial \zeta}{\partial x} - v\frac{\partial \zeta}{\partial y} + \omega = 0 \tag{5.16}$$

式中：ζ 为潮位高度，m。

海底边界条件为

$$u\frac{\partial h}{\partial x} + v\frac{\partial h}{\partial y} + \omega = 0 \tag{5.17}$$

式中：h 为计算水域水深，m。

开边界的确定一般是给定流速或水位波动曲线，闭边界的处理则一般是令其法向流速为零。

5.3 我国潮汐与潮流

5.3.1 我国近海潮汐与潮流

我国近海海区面积有限，且大部分是边缘浅海，由天体引潮力直接作用产生的潮汐振动很小，难以形成独立的潮汐系统，因而中国近海潮汐主要是由西太平洋潮波传入形成，称为协振潮。进入中国海区的外海潮波可分为南北两支，北支经台湾岛和琉球群岛之间的水道直接传入东海，具有前进潮波的性质。在传入黄海和渤海后，由于受到地形与地转偏向力的影响形成无潮点和旋转潮波，无潮点偏向我国海岸。南支潮波经巴士海峡和巴林塘海峡进入南海，引起南海海面振动，在北部湾海区存在旋转潮波和无潮点，其他海区的潮波具有前进波性质。

在不同地形和地转效应等因素的影响下，进入不同中国海区的两支潮波形成不同的潮波系统，沿海各地有不同的潮汐特点。渤海、黄海、东海的潮汐以半日潮为主，南海以全日潮为主。

在渤海，大部分的海区都是不正规半日潮，在秦皇岛附近有一小块正规全日潮海区，其周围部分一环形海域是不正规全日潮，在黄河口外有一小块不正规全日潮。

除山东半岛成山头有小范围全日潮，海州湾和济州岛附近存在不正规半日潮外，黄海的大部分海区都是正规半日潮。

整个东海的潮型数 $A<2.0$，属于半日潮，其中以正规半日潮为主。仅部分海域如舟山群岛附近是不正规半日潮。此外，东南侧与外海邻接海域，如济州岛、九州西南及琉球群岛等处是不正规半日潮。

南海的潮汐性质较复杂，绝大部分海域是不正规全日潮，北部湾等地是正规日潮，另有少数不正规半日潮散布在广东沿岸广州湾、雷州湾等地，北部湾是世界典型的全日潮海区之一，如其吉婆岛的 M_2 分潮平均振幅为 3cm，K_1 分潮平均振幅为 70cm，O_1 分潮平均振幅为 80cm，潮型数 $A=50$，全日潮占主要优势。

中国近海潮流分布复杂，渤海主要是半日潮流，其中辽东湾、渤海湾是规则半日潮流，渤海中央是不正规半日潮流，莱州湾的西半部是规则半日潮，东半部是不规则半日潮，龙口附近为不规则全日潮。渤海海峡老铁山附近的潮流流速最大可达 $1.5\sim2.0$m/s，其他海区的潮流流速大多不到 1.0m/s。

黄海的潮流以半日潮流居多，不正规全日制潮流出现在渤海海峡及烟台近海，南黄海的一部分中央海域为不规则半日潮流。黄海处多是旋转潮流，近岸流速比中央大，且东岸大于西岸。

东海的西部大部分以及台湾海峡是正规半日潮，东海的东部和对马海峡则主要是不正规半日潮，近岸海区如海峡、海湾的潮流具有明显的往复流性质，且近岸流速大于远岸。长江口、杭州湾、舟山群岛及苏北小羊口附近，是我国沿海强潮海区潮流，流速较大。杭州湾的潮流流速可达 $3.0\sim3.5$m/s。

南海的潮流性质复杂，但仍以全日潮居多，大部分海域是不正规全日潮，正规全日潮大部分分布在北部湾大约 20°N 以南海域另见于雷州半岛东、西两岸海域及琼州海峡，在广东沿岸及越南中部沿岸、加里曼丹岛西岸等处是不正规半日潮，潮流流速较弱，大部分海域的流速小于 0.5m/s。北部湾的全日潮流强，其流速约 1m/s。

中国海区的潮差在近岸受水深变浅影响，潮差逐渐增大，而在外海大洋潮波的传入处的潮差很小，近岸蕴藏着丰富的海洋潮汐能资源。就沿海潮差的分布而言，东海闽浙沿岸的潮差大，如浙江省杭州湾的潮差达 8.93m，福建三都澳的潮差达 8.54m。而东海的东面潮差小。受黄海旋转潮波的影响，黄海的东岸潮差大于西岸，如朝鲜半岛西岸的仁川附近高达 11m，我国沿海潮差相对较小。但在江苏小羊口附近可出现较大潮差，有文献给出 9.28m 的潮差值。表 5.2 为我国沿海部分潮汐观测站的平均潮差和最大可能潮差。

表 5.2　　　　　　　我国沿海部分潮汐观测站的平均潮差和最大可能潮差　　　　　　单位：m

站　名	平均潮差	最大可能潮差	站　名	平均潮差	最大可能潮差
营口	2.58	5.41	厦门	3.96	7.20
秦皇岛	0.71	1.44	汕尾	0.98	2.78
塘沽	2.48	5.02	黄埔	1.64	3.78
烟台	1.66	2.93	湛江港	2.15	5.22
青岛	2.80	5.23	海口	0.82	3.38
连云港	3.15	6.44	东方	1.49	4.09
芦潮港	3.21	4.90	榆林	0.85	2.01
旋门港	5.15	8.92	北海	2.36	7.83

5.3.2 河口地区潮汐与潮流

在江河入海的河口地区，海洋潮波将引起河口水位的周期性升降并沿河道上溯。因为河道水深变浅及河水顶托等原因，上溯的潮波在进入河道后传播速度将发生变化，使潮波波形发生变形，潮波能量的不断消耗使得潮差逐渐减小，直至到达潮差为零的潮区界，潮汐现象才消失，潮波传播产生复杂的河口潮汐现象。受潮汐影响的河段一般称为感潮河段，其中潮流到达的最远处称为潮流界，它一般在潮区界的下游，但位置不固定，和潮区界一样随河流径流量及传播潮波的潮差大小而上下移动。在枯水期，河流的潮区界和潮流界一般往上移，如长江的枯水期潮区界到达大通，潮流界达到镇江。而汛期的巨大河流径流量则使之下移，此时长江洪水期的潮区界在芜湖，潮流界在江阴附近。随着季节的交替变化，河口地区的潮区界和潮流界发生着大范围的进退变化。

河口地区的潮流属于往复式潮流，在涨落潮更替时间，流向随之反向变化。流向顺着河流方向为落潮流，与河流反向为涨潮流。落潮历时一般要长于涨潮历时，且随着上游潮差的减小，落、涨潮历时差别更大。

在某些特殊地形的河口湾区，在强潮作用下会形成"涌潮"或"怒潮"等特殊河口潮汐现象。如我国杭州湾钱塘江口，湾口江面宽 100km，越往里越狭窄，形似喇叭，到钱塘江的澉浦水面宽只有 20km，该处水底又有一条门槛似的"沙坎"，水深减至平均为 2m 左右，碰上天文大潮等，从杭州湾传入的潮波能量高度集中就会产生"涌潮"现象。"涌潮"潮头最高达 3.0m，在澉浦实测的最大潮流流速为 3.44m/s。

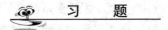

习 题

1. 简述潮汐与潮流的区别。
2. 简述潮汐的类型及分类标准。
3. 利用月球引潮力与惯性离心力解释潮汐的成因。
4. 简述潮汐平衡潮理论及其局限性。
5. 简述中国不同海区潮波特点。
6. 简述我国杭州湾钱塘江口出现强潮的原因。

第6章 海 冰

海洋中的冰有两种来源：海水结冰和从冰川中分离出来的冰。大多数冰的来源于第一种，称为海冰；冰川在北半球是"尖峰"状的冰山，在南半球是平坦的"平板"冰山。海冰是一种热传导系数略大的绝热材料，限制了大气和海洋之间的热量和动量传输；海冰通过融化和冻结，能阻挡海洋的表面波，改变海洋上层的温度和盐度结构，具有高反射性，即高反照率的冰盖是地球气候反馈的重要组成部分，这一反馈在北极尤为重要。此外，海冰对船舶航行、海底采矿和极地海洋考察等会产生阻碍，甚至是成为灾害。它还对海洋水文状况自身、大气环流、气候变化和人类的社会实践活动产生巨大影响，已经成为海洋学的研究内容之一。

6.1 海 冰 的 形 成

当水（通过辐射、大气传导、对流或蒸发）失去足够的热量时，就会冻结为冰，换言之，水将变为固态。结冰在海表面开始发生，然后随着热量通过冰从较底层的水中传至空气中，海表面的冰块厚度向下逐渐增加。

对于淡水和低盐度海水，其初始的结冰过程与盐度更高的海水不同，因为海水达到其最大密度时的温度会随着盐度变化而变化。表6.1给出了各种盐度海水的冰点温度和达到最大密度时的温度（需要注意的是，这些数值适用于大气压强下发生的结冰等过程。压强增加会使冰点降低，水深每增加100m，冰点温度降低约0.08℃）。

表6.1　　各种盐度海水的冰点温度（t_f）和达到最大密度（$t_{p\max}$）时的温度

S/PSU	0.0	10.0	20.0	24.7	30.0	35.0
t_f/℃	0.00	−0.50	−1.08	−1.33	−1.63	−1.91
$t_{p\max}$/℃	+3.98	+1.83	−0.32	−1.33		

为了比较淡水和海水的结冰过程，首先假设一个淡水湖泊，其温度从表面约10℃降低到约30m深度处的5℃。当热量通过水面损失时，水的密度增加，并且随着表面水层的温度逐渐降低而发生垂直对流混合（倾覆）。这种过程将一直持续到上层混合层冷却至3.98℃，表层海水的进一步降温将导致其密度降低，并且始终位于海表面。因此由于热量从较薄的水面层快速损失，水面会很快结冰。对于具有相同初始温度分布且盐度为35psu的海水，表面冷却首先导致海水密度增加，并且对流会导致不同深度的海水垂直混合，直到水体温度达到−1.91℃时才会开始结冰。由于体积更大的海水必须在比淡水降温更多时才能冷却，因此海水发生结冰比淡水需要更长的时间。计算表明，最初温度为10℃，深度为100cm，横截面积为1cm²的淡水水体表面1cm²水层结冰需要163J

的热量损失，而对于相同体积的盐度为 $S=35$psu 的海水，则需要 305J 的热量损失才能使海水表层 1cm 结冰，这是因为整个水体必须冷却至 -1.91℃，而不像淡水仅需要其顶部 1cm 冷却至 0℃。

需要注意的是，盐度小于 24.7psu 的海水，它的最大密度值的温度在冰点以上，因此尽管其冰点较低，但其性质却与淡水类似。而盐度大于 24.7psu（高纬度地区）的海水，盐度通常随深度增加而增加，水体的稳定性通常将对流限制在水深 30~50m 处。因此，在深层海水达到冰点之前，海面已经开始结冰。

一般来说，海冰会先在海岸附近的浅水中形成，尤其是由于河流径流造成盐度降低和洋流作用最小的水域。海冰形成后，将与海岸冻结在一起的海冰称为"固定冰"。首先形成使海水表面呈"油滑"纯冰的针状晶体（油脂状冰或片冰）。随着晶体数量增加形成冰泥，冰泥的厚度增加到一定程度后会破裂成 1m 左右的薄片。随着气温持续降低，这些薄片的厚度和宽度增加，最终形成连续的絮片或片冰。

一旦在海表面形成冰后，当气温低于冰下的水温时，冰下的海水会继续结冰，冰厚度增加的速率取决于热量通过冰（及任何积雪）向上损失的速率。该热量损失与冰面和冰底之间的温差成正比，与冰和雪盖的厚度成反比。在极冷的气温下，厚度高达 10cm 的冰层可在 24h 内形成，冰层的形成速度随着冰层厚度的增加而降低。冰面上的雪具有隔热性能（取决于雪层的紧密程度），能显著减少热量损失。例如，5cm 厚新形成的粉末雪的隔热性能等同于 250~350cm 厚的冰，5cm 厚较紧密雪的隔热性能等同于 60~100cm 厚的冰，5cm 厚紧密压实雪的隔热性能仅等同于 20~30cm 厚的冰。

0℃下，纯水的密度为 999.9kg/m³，纯冰的密度为 916.8kg/m³。但是，海冰的密度可能大于 916.8kg/m³（如果盐水聚集在冰晶中），也可能小于 916.8kg/m³（如果盐水流失且出现气泡）。

融化海冰所需热量与海冰盐度有很大关系。对于 $S=0$psu 的冰（淡水结成的冰），融化 -2℃ 的冰需要 19.3kJ/kg 的热量，融化 -20℃ 的冰需要 21.4kJ/kg 的热量；而对于 $S=15$psu 的海冰，融化 -2℃ 的海冰仅需要 11.2J/kg 的热量，融化 -20℃ 的海冰仅需要 20.0kJ/kg 的热量。将淡水结成的冰从 -20℃ 升温至 -2℃ 所需的热量差（2.1kJ/kg）很小，这是因为海冰在这个过程中没有发生融化。这是对纯冰比热的真实测量。然而，要使 $S=15$psu 的海冰发生相同的温度变化，则需要更多的热量（8.8kJ/kg），这是因为靠近盐泡的冰发生了融化，需要潜在的热量，而温度升高也需要热量。需要注意的是，融化新冰（$S=15$psu）所需热量少于融化盐度较低的老冰所需的热量。

6.2 海冰的力学性质

由于当年冰呈海绵状（冰晶＋盐泡），其硬度远低于淡水冰。此外，快速结冰会导致出现更多盐泡，因此快速形成的冰的硬度低于缓慢形成的冰；换句话说，在极冷天气下形成的海冰，一开始的硬度会低于在气温略高时形成的冰。随着海冰温度不断降低，其硬度和强度不断增加，随着时间流逝，盐泡下渗流出，海冰的硬度越来越高。当海冰在静水中形成时，冰晶趋向于规律排列，易沿着解理面断裂，而在流动的水中，冰晶随机排列，未形成解理面，因此不容易发生断裂。

温度发生变化时，海冰的力学性质十分复杂。当海冰温度降至冰点以下时，海冰先膨胀，继之变为收缩。例如，$S=4psu$ 的浮冰在由 $-2℃$ 降到 $-3℃$ 时，每 $1km$ 长度会发生 $1m$ 的膨胀，当在 $-10℃$ 时达到其最高膨胀度后，会发生轻微的收缩。$S=10psu$ 的浮冰由 $-2℃$ 降到 $-3℃$ 时，每 $1km$ 长度会发生 $4m$ 的膨胀，并在 $-18℃$ 时达到最高膨胀度。温度降低时海冰发生的膨胀会导致冰盖弯曲并形成"压脊"，而随着温度进一步下降，海冰达到最高膨胀度后的收缩有时会导致冰盖中出现很宽的裂缝。

压脊也可能是海冰表面的风应力造成的，这种应力会使冰盖相聚。顶部冰脊的出现通常会伴随着较低层海冰的厚度增加，增加厚度一般为表面冰脊高度的 $4～5$ 倍。浮冰 $1/6$ 厚度露出海面，$5/6$ 位于海面之下，因此，相对较小的表面冰脊往往在海面之下有很深的冰脊，曾记录到的海底冰脊深度为海面下 $25～50m$。冰盖厚度的增加还可能是漂流造成的，当风力或潮汐力将一块冰盖推向另一块冰盖上方，或当两块冰盖互相挤压发生崩塌，并在它们的接触面上堆积起海冰，冰盖厚度会增加。将形成时间较久的冰脊，包括积雪，称为冰丘。由于冰丘的盐度低于形成时间较短的冰脊，因此冰丘比形成时间较短的冰脊强度更高，对表面移动产生的阻力更大。

海冰可以分为固定冰（与海岸相连）、浮冰（存在一些间隙的季节冰到多年冰）和冰盖（较厚，大部分为多年冰）。对于未与陆地相连的海冰来说，多种力决定了海冰的移动。

(1) 海冰表面上的风应力（量级取决于风速和冰面的粗糙度，因为冰脊会增加风应力）。典型的海冰移动速度为风速的 $1\%～2\%$。

(2) 在静水中移动的冰盖底部的摩擦阻力会导致海冰的移动速度降低，而水流（洋流和潮汐）会对海冰底部施加一个洋流运动方向的力。由于洋流速度通常会随着深度的增加而减小，较深的冰山受到的净力低于薄冰受到的净力，当存在很强的风应力时，浮冰将离开冰山。

(3) 在 (1) 和 (2) 两种情况下，科里奥利力效应会使北半球海冰的移动方向往风应力或洋流应力方向的右侧偏转 $15°～20°$（南半球则向左侧偏转）。很容易注意到，表面摩擦力导致表面风的风向偏离表面等压线左侧 $15°$，近似于海冰漂移的方向（北半球）。

(4) 如冰盖不连续，单块浮冰之间的碰撞可能会伴随着动量的转移（即运动较快的浮冰速度将减少，较慢的浮冰速度将增加）。冰的变形和碰撞形成冰脊会造成能量的损失。能量的损失源自内部冰阻力，其会随着海冰密集度（即海冰覆盖面积的比例）的增加而增加。冰的上表面粗糙度（$R=1～9$）和海冰密集度（$C=1～9$）对海冰运动速度（以风速的百分比表示，保留一位小数）的影响可表示为：$V=R(1-0.08C)$，因此海冰的速度会随着粗糙度增加而增加，但随着海冰密集度增加而减小。值得注意的是，对于距离很近的浮冰，由于风或洋流的应力在很大一片面积上会互相叠加，局部移动可能与当地的风况相关性不大。

6.3 海冰作用力

在风和海流等力的驱使下，海冰将产生运动，也使冰区中的海洋结构物受到各种海冰作用力的作用。如结构物周围大面积的固结海冰在风和海流驱动下产生的水平挤压力、流冰产生的撞击力、构件间冻结冰块随潮汐上下运动产生的垂向附着力等，此外还有冻结海冰自身重量产生的重力、冰层冷胀产生的膨胀力及海冰与结构物间发生相互运动时产生的摩擦力等。另外，在风和海流作用下的海冰将产生旋转运动，尤其是位于强潮流作用区的海冰，在旋转潮流的作用下更是产生旋转运动，这将使平台产生扭转受力。有的时候，风和海流的作用使得碎冰可能发生沿结构上爬的现象，在结构设计中对此应予以考虑。

在海冰与结构物之间发生的接触、相互作用、破碎、剥落的循环过程，海冰作用力表现为随机荷载，随时间呈不规则变化。在工程应用中有时为了简化，将海冰作用力当作一个确定值近似为静力作用。

海冰对海洋工程构筑物的作用力定义为海冰载荷，主要有挤压力、冲击力、膨胀力、阻力、摩擦力、垂直作用力 6 种形式，其中挤压力和冲击力是造成结构物损坏或毁坏的主要原因，见表 6.2。

表 6.2 海冰载荷及其表现

作用力	表现
挤压力	在海流与海风的双重作用下，海冰可能包围海上构筑物，并因其移动而对构筑物造成挤压
冲击力	流冰冲击海上结构物造成的冲击力
膨胀力	在气流变化时，整体冰盖层由于温度变化引起膨胀而对结构物施加膨胀力
阻力	与结构物相连的冰层发生移动时对结构物的阻力
摩擦力	冰与结构物相对运动时产生的摩擦力
垂直作用力	与结构物相连的冰层随水流的涨落而给结构物的向上或向下的拔力

6.3.1 海冰对桩柱的冰力

直立桩柱为主的海洋工程结构物在设计和建造时应考虑的海冰作用力包括海冰的挤压力 F_H、海冰的撞击力 F_I、海冰的垂向附着力 F_U。如图 6.1 所示，当海冰已固结在桩柱周围时，风或海流将迫使海冰向构筑物挤压，形成一个水平力，也就是海冰的挤压力 F_H；而海水潮位的变化则使得原固结于桩柱周围的海冰对桩柱施加一个垂向附着力 F_U；海冰的撞击力 F_I 则是浮冰在风或海流的推动下作用于构筑物之上的撞击力，它在垂直桩柱的潮差段都可能出现，但不会与 F_H 同时出现。另外，图中 F_G 为结构物平台上因雨、雪冰化而施加的冰的重力，F_V 为海冰垂向移动施加于结构物中倾斜构件上的垂向力。由于海冰对构筑物作用力与海冰和构筑物之间的作用状况有关，所以构筑物的自振特性直接影响其所受冰压的大小。且海冰的抗压强度随海冰应变率（或加载率）的变化而变化，故严格的海冰作用力应是冰与构筑物共同作用下的动力。

依据海冰动力分析中的自激振动理论，如图 6.2 所示，当加载率超过某一临界数值后，加载率与海冰抗压强度 σ_c 的大小成反比关系，这说明结构振动过程中出现了负阻尼效应。此时仅在不大的外力激发下，结构都可能由于非线性负阻尼的影响而出现较大振幅的动态响应。

6.3.2 海冰水平挤压力

海冰水平挤压力是海冰对海洋工程结构物的主要作用形式，表现为海冰对直立结构物的垂直作用，海冰受到结构物的反作用力超过海冰的极限抗压强度，使海冰发生挤压形式

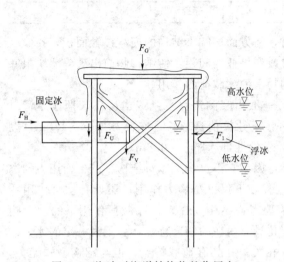

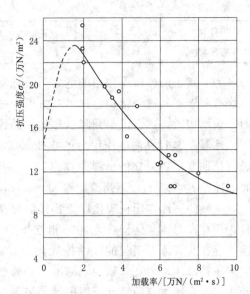

图 6.1 海冰对海洋结构物的作用力

图 6.2 加载率与抗压强度 σ_c 的关系

破坏。由于海冰具有最大的抗压强度，这使得由海冰水平挤压力产生的作用强度最大，危险性与破坏性也最大，是造成冰区中海洋平台被推倒的主要因素，对它的研究也最多。我国渤海中建造的平台主要还是导管架式平台，挤压力是其受到的主要作用力。

以下给出国内外工程设计规范中常用的海冰作用在直立桩柱上的水平挤压力的计算公式。

（1）API 在 1979 年第七版中推荐的海冰水平挤压力公式（API RP 2A）为

$$F_H = c\sigma_c HB \tag{6.1}$$

式中：c 为系数，与加载速率等因素有关，取值范围为 0.3～0.7；B 为海冰的宽度，m。

（2）API 在 1988 年推出的《冰环境条件下固定式近海结构规划、设计和建造的推荐作法》（API RP 2N）中建议计算海冰水平挤压力公式为

$$F_H = IK\sigma_c DH \tag{6.2}$$

（3）中国船级社海上固定平台规范推荐的计算公式为

$$F_H = mK_1 K_2 \sigma_c bH \tag{6.3}$$

式中：m 为与冰面接触部分结构的形状系数（图 6.3），若结构迎冰面是尖角则与其夹角 α 有关，可按表 6.3 取值，对于圆柱形构件 $m = 0.9$，对于方柱则 $m = 1.0$；K_1 为局部挤压系数（2.0～3.0）表示局部挤压强度相对标准试块挤压强度的比值，建议 K_1 取 2.5；K_2 为结构物与冰层之间的接触系数（0.2～0.4）；b 为海冰与桩柱接触面的投影宽度，m；H 为海冰的厚度，m。

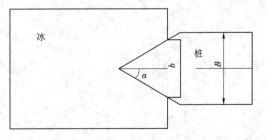

图 6.3 尖角结构迎冰面示意图

95

表 6.3 形 状 系 数 取 值

尖角 $2\alpha/(°)$	45	60	75	90	120	180
形状系数 m	0.60	0.65	0.69	0.73	0.81	1.00

为了减小海冰挤压作用的危害,设计时,一方面可减小结构的迎冰接触面积,并使碎冰块有利于顺利流经结构物;另一方面通过改变桩柱的间距,使结构物前出现碎冰块阻塞而形成堆积冰,这也可起到降低作用在结构物上的冰载荷的作用。

冰厚 h 是计算海冰作用力的重要参数,一般由实测资料得到或由历年长期冰厚资料进行长期变化趋势分析预测计算得到,也可按下建议值选取:辽东湾冰厚 $h=1.0$m,渤海湾冰厚 $h=0.8$m,莱州湾冰厚 $h=0.7$m,黄海北部冰厚 $h=0.8$m。

实际的海冰作用机理比以上描述的复杂,因为它不仅是海冰对结构物产生作用力的过程,还存在海冰与结构物之间的相互作用过程,不仅仅是静力作用,还具有动力作用特性,存在交变冰力引起的冰激振动问题,需要考虑结构物在动态冰载荷作用下的动力响应。一种海冰动力观点认为,海冰的破碎变化具有内在的频谱特性,表示为一定的冰力谱变化,与海冰本身的特性及周围的环境条件相关,并具有地域特点,但与结构型式无关。另一种观点认为,冰力本身没有周期性,海冰的挤压强度随加载率而变化,海冰具有自激振动特性。

不管构件的尺度大小如何,平台的冰振现象普遍存在,尤其是容易发生在柔性结构的导管架平台上,随机冰载荷作用带来了结构的强度疲劳问题。2000 年在渤海一个平台由于冰激振动发生了天然气管道破裂、法兰盘松动等严重生产事故。通过改变结构物的结构布置形式和结构的动力特性等可减少冰振的危害,冰振的具体问题需做具体冰振分析。

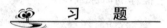

习 题

1. 简述海冰的形成过程。
2. 海冰的力学性质包括哪些?
3. 什么是海冰载荷?海冰载荷的主要形式和表现包括哪些?
4. 海冰对海洋工程结构物的主要作用形式是什么?

第 7 章　海洋生态与海洋环境保护

21 世纪，人类进入了大规模开发利用海洋的时期，海洋在国际政治、经济、军事、科技竞争中的战略地位不断提升。海洋强国是指在开发海洋、利用海洋、保护海洋、管控海洋方面拥有强大综合实力的国家。美国、欧盟、英国、日本、俄罗斯等相继推出海洋新战略和新计划，力图抢占海洋科技的制高点。2012 年党的十八大报告中首次提出海洋强国战略，要求提高海洋资源开发能力，发展海洋经济，保护海洋生态环境，坚决维护国家海洋权益。

随着陆地资源与能源的日趋紧张，丰富的海洋资源成为人们争相开发的对象，世界海洋经济与海洋产业得到蓬勃发展。据资料介绍，20 世纪 70 年代初，世界海洋产业总产值为 1100 亿美元左右，1980 年增至 3400 亿美元，到 1992 年达到 6700 亿美元，到 2001 年增至 13000 亿美元，近些年的年均增长速度达到 11％，海洋产业占世界经济的比重在 20 世纪 70 年代初为 2％，到 90 年代初上升到 5％，预计在 21 世纪，海洋产业所占的比重将持续稳定上升。

在我国，海洋经济得到快速发展，并初具规模，海水养殖、海洋油气、滨海旅游、海洋医药、海水利用等海洋新兴产业迅速发展。我国沿海地区主要海洋产业的"九五"期间总产值比"八五"时期翻了一番半，年均增长 16.2％，高于同期国民经济增长速度，"十一五"期间的海洋经济年均增长 13.5％，继续保持高于同时期国民经济增速的发展势头，全国主要海洋产业总产值在 1978 年仅为 60 多亿元，到 2015 年达到 64669 亿元，比 2014 年增长 7.0％，相当于同期国内生产总值的 9.6％，成为国民经济新的增长点，海洋经济总量在我国呈现快速增长。

2022 年海洋产业总体平稳，经初步核算，2022 年全国海洋生产总值 89416 亿元，比上年增长 6.2％，海洋生产总值占国内生产总值的比重为 9.0％，占沿海地区生产总值的比重为 17.1％。其中，海洋第一产业增加值 3729 亿元，第二产业增加值 31987 亿元，第三产业增加值 53700 亿元，分别占海洋生产总值比重的 4.2％、35.8％和 60.0％（数据来源公开资料整理）。据中商产业研究院预测，2023 年中国海洋经济生产总值将达 98537 亿元。

目前世界人口的 60％和 2/3 的大中城市集中在沿海地区，而且预计到 2025 年，沿海地区的人口会增长到 75％，沿海经济的高速发展，也给海洋生态环境带来巨大压力，沿海地区工农业生产的持续高速发展和人口密集程度的不断增大，使得工业废水和生活污水源源不断地排向海洋，近岸海域污染严重，富营养化导致赤潮现象频发，而重金属和人造有机化合物种具有不易分解和溶解，易在食物链中被富集和产生高浓度毒性并扩散的特点，使海洋环境污染的问题越发突出与严重。世界海洋污染日趋严重，进而危及人类自身的健康和安全。一系列的环境与资源问题的矛盾变得突出起来，开发海洋与保护海洋成为人类社会发展的重要组成部分。

7.1　海洋生物及其栖居环境

7.1.1　海洋生物分类

原始海洋为生命提供了适合存在的环境，并在演变过程中逐渐积聚了足够生命所需的碳、氧及多种盐类，形成类似蛋白质的有机物，在相互发生反应的过程中，合成产生复杂的有机物，进而进化产生原始生命。一般认为原始的细菌产生在距今 36 亿年前后的海洋，海洋因此被誉为生命的发源地和摇篮。

海洋中生活着形形色色的生物，它们之间的远近关系不同。人们根据一些能够反映物种之间的亲缘和演化关系的主要性状对其进行类别划分，这就是生物学的一个基础研究领域——生物分类学。

海洋中到底生活着多少生物物种，至今还无法确定，但组成门类相比陆地生物更齐全，还存活着许多古老种类。它们生活在海洋中各个深度水层到海洋底层，对应着不同的栖居区域。影响水层栖居生物的环境因素有温度、盐度、深度及潮汐、海流等各种海水运动。影响底层生物栖居环境的还有所处的海底地形、底质类型及所处水深等。海洋生物及其所处海洋环境之间维持着一种相互制约、相互适应的紧密关系。

不同的海洋生物环境孕育着不同种类的海洋生物，依据其生活习性，在水层和底层栖居环境中生活着浮游生物、游泳生物和底栖生物几大生物类群。

浮游生物包括浮游植物和浮游动物，它们的运动器官不发达，游动能力缺乏，只是在海洋中随波逐流。但它们种类多、数量大，分布于全球各地。浮游植物，如硅藻和甲藻等能吸收光能，通过光合作用制造有机化合物，是海洋生态系统的初级生产者，其生产有机物的能力构成海洋初级生产力，是海洋食物链的基础，它们通过光合作用产生有机质，再通过浮游动物这个环节，将物质和能量传递。浮游动物通过捕食来影响或控制浮游植物的生物量，同时其种群动态变化又可能影响更高级消费者。

我国近海海域鉴定出的浮游植物主要类群为硅藻和甲藻，浮游动物主要类群为桡足类和水母类。从生态的角度，浮游植物中的硅藻、甲藻、颗石藻和细菌在海洋生态中具有重要的生态功能。

游泳生物的特点是运动器官发达，能在海洋中自由游动。它们是海洋生态系统中的消费者。游泳能力很强的一类大型动物包括海洋鱼类、哺乳类（鲸、海豚、海豹、海牛）、爬行类（海蛇、海龟）、海鸟以及某些软体动物（乌贼）和一些虾类等。从种类和数量上来看，鱼类是最重要的游泳生物。游泳生物大部分是肉食性种类，草食性和碎屑食性的种类较少，很多种类是海洋生态系统中的高级消费者。

底栖生物由生活在海洋基底表面或沉积物中的各种生物所组成。底栖生物种类繁多，底栖生物群落有生产者、消费者和分解者。复杂的海底地形与恶劣的海底环境中生活着许多底栖生物，在潮间带和浅海海底存于底栖植物，底栖动物则存在于深海海底。底栖植物只能生活在有光照的近岸区。通过底栖生物的营养关系，水层沉降的有机碎屑得以充分利用，并且促进营养物质的分解，在海洋生态系统的能量流动和物质循环中起重要的作用。在大洋中脊等处的海地热泉附近，还存在能在高温黑暗缺氧极端环境中生存的特殊海洋生物群落。依靠硫化微生物为食而生存，而硫化细菌以化学合成作用生成有机化合物，为该群落提供最初的能量和物质，是该群落的初级生产者。我国近海海域底栖生物的主要类群为环节动物、软体动物和节肢动物等。

7.1.2 海洋污损生物

在海洋环境中，有些海洋生物会在船舶及海上建筑物、海中仪器仪表上附着繁殖，带来严重的生物污损问题，这类生物亦称为海洋附着生物。

污损生物的存在，一方面增加了船舶的重量和表面粗糙度，增加了船舶的航行阻力，消耗了更多燃料，增加了船舶回坞修理次数，有资料介绍，污损严重的海底附着生物厚度可达十几厘米；另一方面污损生物增大了海洋平台桩柱的直径，使得桩柱结构流体动力学系数 C_d 和 C_m 在选用时，要综合考虑海洋生物附着厚度的影响。如在美国 API 规范（2000）和中国船级社《浅海固定平台建造与检验规范》（2004）中，光滑圆柱的速度力系数与惯性力系数取值分别为 0.65 和 1.6，而对表面粗糙的圆柱体的取值分别为 1.05 和 1.2。《海港水文规范》（2013）对海洋附着生物所产生的影响，考虑是根据其附着程度给波浪力乘上一个相应增大系数。有研究表明，深海立管螺旋列板上的附着污损生物会降低其对涡激振动响应的抑制效果，且随着其生物附着厚度的加大，会相应增大立管的涡激振动响应振幅，影响立管的疲劳寿命。此外，污损生物还会堵塞船舶平台上的给排水管道、降低水流流速、加速管道腐蚀等，它们对海洋工程的影响是多方面的，为此 CCS 等规范要求对海洋工程海底管道及阀箱等采取有效措施防止海洋生物附着污损，如使用防污涂料等对附着生物进行毒杀以达到防污目的。

图 7.1 为北海地区海洋平台桩柱上的海洋附着生物在 4 年间的附着增加量示意图，反映出可观的厚度增加量。此外，污损生物会引起船舶与海洋结构物防腐涂层的破坏，有利于硫酸盐还原菌等细菌的生长，加快了金属腐蚀的速度。发生在光学观察窗及传感器等海洋光学、声学仪器上的生物污损，则将直接影响这些海中仪器仪表功能的正常使用。

DNV 规范（2014）给出了海洋生物附着厚度在欧洲海域随纬度和水深变化的设计推荐值。在北海中部和北部 56°N～59°N 海域，水下 40m 至水上 2m 间的海洋生物附着厚度建议取值为 100mm，深于 40m，取值为 50mm；在挪威海 59°N～72°N 海域，水下 40m 至水上 2m 间的海洋生物附着厚度建议取值为 60mm，深于 40m，取值为 30mm。此外在北海南部，最低天文潮以下 10m 到海面间的海洋生物附着厚度可达 150mm；在加州中部和南部近海海域常见有 200mm 的海洋生物附着厚度。API 规范（2000）则对墨西哥湾海上固定平台的海洋生物附着厚度建议取值为 3.81cm，除非经现场调查能提供适当厚度值，并指出美国其他海域的生物海洋附着厚度更厚，如加州南部和中部近海常见的附着厚度有 20.32cm。

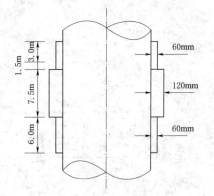

图 7.1 海洋附着生物在 4 年间的附着增加量示意图

另据对渤海某平台海洋附着生物的观测，在水下 1m 深处的海洋生物附着厚度为 70mm，3m 深处厚度为 90mm，5m 深处厚度为 150mm，10m 深处厚度为 100mm，15m 深处厚度为 130mm，附着生物主要有贻贝、海葵等。

另外，海洋中有些钻孔生物能钻入木材、竹料、岩石等物质内部，对使用这些建筑材料的建筑物造成破坏，带来经济损失。

海洋污损生物主要有两大类，分别为硬壳生物（如藤壶、贻贝、环节动物、软体动物等）和无硬壳生物（如海藻、水螅、海葵、结壳苔藓虫等）。由于热带海洋的海洋生物繁殖旺盛，因而那里的海洋生物造成的污损也最严重的。如南海某油气平台于 2003 年投产，在 2008 年进行特检时发现，该平台水下钢结构在这 5 年间已经完全被污损生物所包覆，最大附着厚度达到 140～220mm。海南三亚榆林港的挂片试验也表明，海水中浸泡 1 年的低合金钢上附着有 30～50mm 厚的牡蛎。此外，海洋表面表层的生物污损比深海海水中的生物污损更严重。

我国各海域的海洋附着生物主要有藤壶、贻贝、牡蛎、海鞘、苔藓虫、石灰虫、树枝虫及藻类等。它们在碳钢、低合金钢的实海试样中的局部腐蚀形式表现为点蚀、缝隙腐蚀、穿孔等。藤壶、贻贝等硬壳污损生物的危害程度大，是海洋工程需要重点防除的对象。

在海洋工程中，最有效手段是采用防污涂料、电化防污等手段减少和防止海洋污损生物在船舶及海上建筑物等水中物体上的生长繁殖。

7.2　海 洋 生 态 系 统

地球上的任何一个生态系统都是由生命部分和非生命部分综合组成。在海洋中的生态系统组成也不例外，它由海洋中的生命与非生命两大部分组成，相互间进行着能量流动、物质循环和信息传递，共同建立起一个互相作用和依存，并具有自我调节、相互适应能力的动态平衡关系。海洋生态系统被认为是生物圈内面积最大、层次最高的生态系统。如图 7.2 所示。

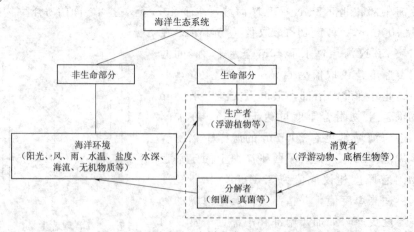

图 7.2　海洋生态系统

海洋生态系统中的非生命部分主要指其非生物形态的物质和能量，它们是海洋生物赖以生存的环境因素，为各种海洋生物提供必要的营养元素，由各种无机物质和有机化合物，以及阳光、风、雨等气候环境因素和水温、盐度、水深、水色、透明度、海流等还海洋环境因素组成。

根据各自在生态系统中的功能，生命部分的组成可分为生产者（producer）、消费者（consumer）和分解者（decomposer）三大类群。

海洋中的生产者主要是指浮游植物、浅海区底栖植物和自养细菌等浮游生物。它们通过光合作用将太阳辐射能转化为化学能，制造碳水化合物、蛋白质、脂肪等有机化合物，放出氧气，为所有生物提供营养物质和能量。由于光能在海洋中衰减很快，只能传播到水下一定深度，因而只有在有光层里光照才充分。海洋初级生产力高，生产者是生态系统中最积极部分，也是最重要的步骤，在整个海洋生态系统中起着最基本和最关键的作用。

海洋中的各类动物组成海洋生态系统中的消费者，包括浮游动物、底栖生物和所有鱼类等。它们由于自身缺乏合成有机化合物的能力，需要从生产者那里得到生命所需的有机物质，可分为吃食植物的一级消费者、捕食动物的二级消费者及更高级肉食动物的三级消费者、四级消费者等。它们组成了摄食与被摄食的食物营养关系，通过食物链进行着物质转换和能量流动，但每个过程都存在很大的损失，形成所谓生物量金字塔。

将死亡后的动植物残体分解，将有机物还原为无机化合物以供生产者的再次吸收利用，维持生态系统的循环，这就是分解者的作用。海洋生态系统中的分解者是一些细菌和真菌等，是整个生态系统中不可缺少的一部分。

由于海洋动物活动范围广泛，海洋环境随水深和离陆地远近等地理地形位置有很大差别，导致各海域有各自独特的生态环境系统，因而海洋生态系统又可分为海岸带生态系统、浅海生态系统、远洋生态系统、火山口生态系统、河口生态系统等，以分别进行生态环境系统划分和研究。

海洋生态系统的基本特征如下：海洋是巨大的，对自由运动的海洋生物，温度、盐度和深度是限制其生存的主要因素。海洋有连续和周期的循环，世界上的海和洋都是相互沟通，连接成片的。海洋有潮汐，潮汐的周期大约是 12.5h。潮汐使这些海洋生物群落形成明显的周期性。此外，海水含有盐分，一般情况下，海水中各种盐类的总含量为 30‰～35‰。其中，以氯化钠为主，约占 78%；氯化镁、硫酸镁、氯化钾等共占 22%。海洋是一个容纳热量的储存库，夏天海水把热量储存起来，到了冬天，海水又把热量释放出来。所以，海洋对整个大气圈具有重要的调节作用。

如同地球上其他各类生态系统，海洋生态系统亦能进行自我调节，克服和消除外来不利干扰，但其能力是有限的。如果外界的干扰过大，损害了它的自我调节，就将会破坏生态系统的稳定与平衡，引起生态失调，严重者将导致生态危机。

在各种人为因素和自然因素的作用下，海洋生态环境遭到破坏的事件时有发生。其中人为因素是海洋环境破坏的主要方面：一方面，大量陆源污染物质未经处理就被直接排入海洋，以及海难事故等引发的海洋石油泄漏事件等，使海洋环境质量恶化。当这些污染物质的浓度（总量）超过海洋的自净能力时就会引起局部海域发生赤潮、石油污染等重大海洋灾害。另一方面，未经环境影响评估论证的大型海洋工程项目匆匆上马，以及盲目的蓝海围垦河和"与海争地"、砍伐红木林、采矿挖砂等海洋工程活动，破坏了原有的水动力环境和生物栖居环境，环境因素发生变化，并可能引起航道淤积及海岸的侵蚀破坏，降低近海海岸防灾减灾能力，造成海洋生态环境的损害。对海洋资源的不合理开发利用和日益严重的环境污染也使海洋生物物种不断减少，生物多样性受到破坏。近年来，随着捕捞船只的增多，动力的增大，我国沿岸和近海渔业资源受到严重影响，许多珍稀海洋生物鲸、海龟、海牛等遭到破坏而大量减少。

因此，在开发和利用海洋的强度增强的同时，如何防治海洋污染和保护海洋环境，研究海洋生态系统的结构、功能、特征与变化规律，维护良好的海洋生态环境，促进海洋生态良性循环，这已经成为人们今天普遍关心的问题。把握好经济与环境的平衡关系，走经济可持续发展的道路是人类的必然选择。

7.3　海洋环境问题

7.3.1　海洋污染问题

海洋占地球面积的 71%，随着陆地资源越来越贫瘠，不足以满足人类日益增长的需要。发展海洋经济，是拓展国民经济发展空间的必然选择。随着海洋经济的迅猛发展，海洋遭到污染，环境质量明显下降，生态环境日趋恶化。海洋环境问题已成为制约海洋经济发展的重要因素，找出海洋环境污染的原因，并针对其原因找出相应的对策，改善海洋环境，保护海洋环境不受污染。

1892 年的《联合国海洋法公约》中对海洋污染（marine pollution）的定义是：人类直接或间接把物质或能量引入海洋环境，其中包括河口港湾，以致造成或可能造成损害生物资源和海洋生物，危害人类健康，妨碍捕鱼和海洋的其他正当用途在内的各种海洋活动，损害海水使用质量和伤及环境美观等有害影响。

海洋中的有害污染物众多，危害大的主要有石油、重金属、放射性物质、合成有机化合物、富营养物质、海洋塑料垃圾等几类。它们主要来自海上运输、大规模的海水养殖业、工业废弃物及农业化肥和农药、城市生活污水的排放等，并在海洋中以生物过程、物理过程和化学过程的形式进行迁移、扩散和转化，从而对海洋造成污染。

1. 石油污染

海上石油污染是海洋污染中最普遍和最严重的污染之一，它主要来自海上石油运输途中的溢油事故和海底石油开发中溢出的石油，以及运输船舶及海上油井废油污水的正常营运操作性排放和事故性排放、沿海地区工业废油的经由河流带入海洋、沿海拆船业等方面，对海洋生态环境的危害极大。

由大型海上油船难事故及海上油田溢油事故引发的海洋石油污染事故危害大、范围广，影响持续时间长，会造成大面积海域的严重污染，所在海域的水质环境和沉积物都会受到污染，海洋生物栖息环境遭破坏而长时间难以完全恢复。溢油油膜会覆盖海水表面，阻挡海气间交换，造成海水缺氧和降低阳光辐射，影响海洋浮游植物的生长繁殖，损害海洋生物的幼虫幼体、鱼卵仔鱼等，降低生物多样性等。溢油具有的毒性亦会使一些海洋生物中毒身亡，并在生物体内积累，对海洋生物造成长期危害，破坏海洋生态平衡，影响人类健康，严重影响海产品的价值，以及其他海上活动，造成重大经济损失。

因此，海上石油污染不仅会破坏海滨景观和浴场，并且海面上的油膜能阻碍大气与海水之间的气体交换，影响海洋植物的光合作用。海兽的皮毛和海鸟羽毛被石油沾污后，就会失去保温、游泳或飞翔能力。石油污染物还会干扰海洋生物的摄食、繁殖和生长发育，改变鱼类的洄游路线，使海产品带有石油味而不能食用。如装载 22 万 t 原油的美国油船"阿莫科·卡迪斯"号于 1987 年 3 月 16 日在法国大西洋沿岸触礁沉没时原油全部进入海洋，形成 2000 万平方海里的黑油层，致使当地海滨浴场，水产养殖、大面积渔场遭受严重影响，造成严重海洋污染。

2. 重金属污染

重金属一般是指密度超过 $5g/cm^3$ 的化学元素，主要通过天然来源、陆源输入和大气沉降三种途径进入海洋。重金属污染主要指汞、镉、铅、锌、铜、铬等重金属被大量排放进入海洋造成的海洋污染事故。

重金属属于微量元素，是海洋生物成长所必需的，适当的重金属含量有助于海洋浮游植物的光合作用，但它们有的毒性很强，能在海底沉积物、固体悬浮颗粒中富集，并通过食物链在生物体内富集。如重金属浓度过大，则造成生物中毒及至严重中毒而死亡；如缺乏，则影响生物体的生长繁殖，引起功能障碍；如完全缺乏也会造成正常生命过程不能维持而死亡。许多污染区的鱼贝体内都被检测出重金属严重超标，食用被重金属污染的海产品将损害人类的健康，重金属污染具有潜在性、难自然分解和持久存在的特点，因此重金属污染对人类及海洋生态环境都是极大的危害。

20 世纪 50 年代，在日本发生了水俣病事件。这是由于工厂向海洋排放了含有大量汞的废水，当地居民在食用汞中毒的鱼虾贝类时导致水俣病的发生，造成几十人死亡上百人患病的环境公害事件。由于汞的生物富集性和生物毒性高，并具有可持久存在和可远距离迁移的特性，严重影响着人类大脑和神经系统的健康，引起了全世界的关注。为了减少汞对环境和人类健康造成的危害，联合国环境署于 2013 年 1 月 19 日通过了减少汞污染的国际公约即《水俣公约》，就限制和减少全球汞排放作出了具体规定。

镉具有极强的毒性，海洋生物在摄入后将富集在体内而难以充分排出，人类食用被镉污染的海产品后将损害其身体健康，导致骨痛病等。

3. 放射性物质污染

放射性物质污染分为人为产生的放射性污染和天然放射性元素，而大部分污染的产生为人类活动产生的污染物质。如核武器爆炸，核试验的散落物和原子能工厂直接向海洋排放的放射性废物，以及海上活动的核潜艇和核动力舰只也有放射性废物的排放。这些放射性物质由于各种原因，使得大量核污染物质进入海洋。核污染物质首先会集中于表层海水，在风、浪、流等各种动力因素作用下，逐渐往下移，可到达海面以下几千米深度。在较强放射性水域中，海洋生物通过体表吸附或通过食物进入消化系统，并逐渐积累在器官中，通过食物链作用传递给人类。

每种放射性物质都有一定的半衰期，在其放射性衰变的过程中，总会发出具有一定能量的射线，不断产生有害影响。此外，放射性物质污染造成的危害具有一定的潜伏期。放射性核素会对周围产生强烈的辐射作用，形成核污染。放射性物质还会通过食物链进入人体，在体内积累到一定剂量时会产生有害影响，引起头晕、头痛、食欲不振等症状。在放射性核素的长期作用下，会引起肿瘤、白血病和遗传病等各种疾病。

2011 年在日本福岛发生的核泄漏事故，该事故对福岛以东及东南方向西太平洋海域造成了长期的影响。2011 年 3 月 11 日，震惊世界的日本大地震突然爆发，这次地震震级达到 9.0 级，在整个人类历史上排名第五，伴随着大地震，还有滔天海啸，据介绍，当时海啸的高度达到了惊人的 15m。原子力安全保安院将福岛核事故最终确定为核事故最高等级 7 级（特大事故），与 1986 年切尔诺贝利核电站事故同等级。地震和海啸总共造成日本国内 19689 人死亡、2563 人失踪、6233 人受伤，国外 2 人死亡、5 人失踪，经济损失约 16 兆～25 兆日元。据 2013 年 4 月的监测结果，日本以东的西太平洋监测海域海水中锶-90 活度较 2012 年 12 月有所上升，50％以上站位的铯-137 检出深度达到 100m，铯-134 检出深度达到 500m，表明核事故放射性污染在水动力作用下逐渐向深层迁移，海洋生物也受到核事故持续泄漏的放射性污染的影响。鱿鱼样品中仍然检出日本福岛核事故特征核素银-110m 和铯-134。

4. 合成有机化合物污染

由于生活污水（如食品残渣、排泄物、洗涤剂等）、农田化肥、工业污水（如食品、酿造工业、造纸工业、化肥工业等）和海水养殖废水流入海洋，当中难降解的有机污染物会导致海水富营养化，引发赤潮灾害，这无论是对水质还是生物都将造成无法预计的灾难。

农药及其降解产物（如 DDT 的降解产物 DDD、DDE）在海洋环境中所造成的污染，其危害程度因其数量、毒性及化学稳定性的不同而存在着很大的差异。如有机氯农药（主要是 DDT、六六六等），其化学性质不稳定，极易在海洋环境里分解，所以成为了污染海洋环境的主要农药。

5. 富营养物质污染

城市生活污水及工业废水、船舶与海洋平台等的污水中含有大量的营养物质，如氮、磷等，它们在大量直接排放进入大海之后，就会造成局部海区的水体富营养化，为海洋植物的生长繁殖提供丰富的营养物质，在一定的环境条件下，如适宜的温度、盐度和风、浪、流等，一些浮游生物如硅藻、鞭毛藻、蓝藻等藻类就会因为有了丰富的营养物质而快速繁殖生长，引起海洋水体变色，就会产生赤潮。过量的生物繁殖将营养物质耗尽，这又使得大批海洋生物大量死亡，分解产生有毒物质的同时耗尽溶解氧，使海水严重缺氧，海洋水质恶化。

发生赤潮的海域水体颜色通常呈红、黄、绿和褐色等不同颜色，它随该海域赤潮生物的数量、种类而不同。形成赤潮的浮游生物种类很多，在世界各大洋有上百种，而在我国沿海发生了赤潮中常见的生物种类有硅藻、甲藻、蓝藻等，约 63 种。

赤潮有的无毒，如夜光藻赤潮、红海束毛藻等，但它们的死亡和分解会造成局部海域海水严重缺氧而导致鱼类等海洋动物死亡。有的赤潮具有毒性，不仅毒害海洋生物，也通过生物链危害人类健康，对海洋生态平衡是一种严重破坏，是全球性的公害问题。

在大规模的海水养殖中，如果盲目扩大养殖面积，加大养殖密度和营养物质严重过剩，就会造成"人为赤潮"，危害其周围的生态环境。如在我国东海海水养殖区中就发现其海水中的无机氮和活性磷酸盐含量较高,水体富营养化严峻,因此就要合理控制养殖方式,应对养殖料饵对养殖区域海洋环境的污染。

6. 海洋塑料垃圾污染

联合国环境署于 2021 年 2 月发布的《与自然和平相处》报告将气候变化、生物性丧失、废弃物污染并列为当前地球面临的三大危机,它们损害着人类的生存能力。海洋是塑料废弃物最主要的归趋地,海洋塑料垃圾以其急剧增长的数量和越发严重的危害而成为全球环境和海洋治理领域内最为紧迫的议题之一。此外,联合国环境规划署在 2021 年发布的《从污染到解决方案:对海洋垃圾和塑料污染的全球评估》报告中指出,目前全球海洋中有 0.75 亿~1.99 亿 t 塑料垃圾,占海洋垃圾总重量的 85%。如若不采取有效的干预手段,预计到 2030 年每年进入水生生态系统的塑料垃圾数量将比 2016 年的 900 万~1400 万 t/a 增加近两倍,到 2040 年将达到 2300 万~3700 万 t/a。除数量激增外,海洋塑料垃圾的空间分布也日趋扩大,从近岸到公海、从赤道到极地、从表层海水到深海洋底,甚至在地球最深处马里亚纳海沟,都发现了塑料垃圾的踪影。

海洋塑料垃圾会对自然生态系统和人类经济社会产生严重危害,主要表现在以下几个方面:

(1) 海洋塑料垃圾会威胁海洋生物的生存。海豹、海龟、鸟类、鱼类等海洋生物或会被"幽灵渔具"(指遗弃或废弃的渔网、渔笼、鱼线、浮标等各类捕鱼装置)所缠绕而无法移动,或会因误食塑料碎片而造成进食器官堵塞甚至死亡。有证据表明,海洋塑料垃圾已影响了 500 多种海洋物种的安全,所有海洋生物都面临着中毒、行为障碍、饥饿和窒息的风险。

(2) 海洋塑料垃圾会降低海底沉积物的质量,减少海洋生物多样性,引发外来物种入侵,破坏海洋生态系统的平衡。

(3) 海洋塑料垃圾会通过影响珊瑚礁、红树林、海草床、浮游生物等种群来改变全球碳循环,削弱海洋生态系统对减缓气候变化的重要作用。

(4) 海洋塑料垃圾会阻碍渔业、航运业、滨海旅游业等海洋产业的发展,增加全球经济的隐性成本。据估算,海洋塑料垃圾每年直接或间接造成的全球经济损失不低于 80 亿美元。

(5) 海洋塑料垃圾会堵塞船舶的动力系统,危及海上航行安全。1993 年,韩国海域一艘载有 362 名乘客和船员的客轮被尼龙绳缠住螺旋桨,使船舶突然转向、倾覆和沉没,致使 292 人死亡。

(6) 直径极小的海洋塑料微粒(即海洋微塑料)会对人体健康造成潜在损害。虽然目前尚无确定的证据证实微塑料会对人类健康构成较大风险,但科学家已经证实微塑料会吸附邻苯二甲酸盐等有毒有害的化学物质,并可能通过食物链传递或皮肤吸入等途径富集于人体,导致人体新陈代谢紊乱以及内分泌失调,一定程度上引发生殖障碍,甚至促成癌症病变。

塑料污染物在海洋中的水平分布首先受其来源(包括陆源和海源)的影响(图 7.3)。重要的陆源包括失控的塑料垃圾、岸滩娱乐、养殖等活动中弃置的塑料用品,以及污水处理厂的(微塑料)排放。与沿海区域直接入海的陆源塑料相比,内陆区域通过径流汇聚入海的塑料可能对全球海洋中蓄积的塑料污染物有着更大的贡献。综合来看，陆源的输入强度与人类活动具有强相关性。海源则主要包括海上交通线和渔业活动中的塑料排放。

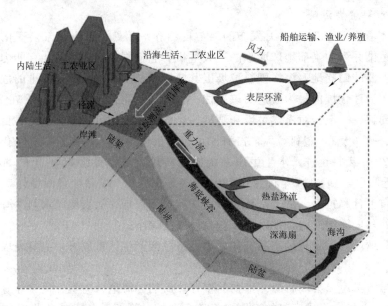

图 7.3 常见的塑料源以及影响塑料水平分布的海流、沉积物流和风

7.3.2 海平面上升问题

海平面上升是由全球气候变暖、极地冰川融化、上层海水变热膨胀等原因引起的全球性海平面上升现象。20 世纪以来，全球海平面已上升了 10~20cm，并且未来还要加速上升。海平面上升是一种缓发性的自然灾害。海平面上升可淹没一些低洼的沿海地区，使风暴潮强度加剧频次增多。全球气候变暖导致未来 100~200 年内海平面已无法避免上升至少 1m。

根据观测，全球在最近的 100 年间平均升温幅度为 (0.6±0.2)℃，全球气候显著变暖，最主要是因为 19 世纪中期工业革命以来，工业化大生产大量使用煤炭、石油等矿物燃料，使大气增加了二氧化碳、甲烷等温室气体的浓度。近 50 年来，人类大量地使用化石燃料，排放了大量的二氧化碳，强化了温室效应。2013 年是标志性的年份，这一年大气中二氧化碳的浓度首次超过了 400 个 PPM（百万分比浓度）。温室气体具有吸收某些特定波段热辐射的功能，在地球上空产生温室效应，从而影响全球的气候变化。随着自然原因与人为原因造成的温室气体的继续增加，全球气温还将继续升温，其结果是两极的冰川在更大范围融化，极地冰川面积明显萎缩，沿海地区的自然灾害在加重，对人类的生存和发展产生并将继续产生重大影响。这种温室效应非常快速地强化、驱动了现在所见所闻的气候变化，包括全球变暖、冰山融化、海平面上升、热浪、干旱、暴风雨、飓风、野火等极端天气事件。

在全球变暖及地壳局部构造沉降的共同作用下，全球海平面出现上升现象。根据资料，在 1961—2003 年间，全球海平面的年平均上升速率约为 1.8mm/a，而在 1993—2015 年间，全球海平面上升速率为 3.2mm/a，20 世纪的海平面上升总体估计值为 0.17m，而

2005—2011 年仅 7 年间，海平面就上升了 16.8mm，上升速度在加快。依据 1985 年联合国环境署、世界气象组织等会议的评估，到了 2030 年，全球海平面上升达到 20~140cm。另据政府间气候变化专门委员会（IPCC）的气候变化评估报告（2013），到 21 世纪末，全球海平面很可能上升 26~81cm。

持续不断的海平面上升将会给沿海地区带来一系列的环境问题。如降低沿海地区防波堤等海岸工程的防御能力，加剧风暴潮灾害和增大可能受灾面积，使洪涝威胁加大，降低沿海城市市政排污工程的排污能力。海平面上升还将加剧海水的入侵以及咸潮的入侵，使淡水资源受到污染、影响城市供水用水、沿岸土壤变得盐渍化、城市污水排放能力下降，工农业生产受到影响，沿海堤岸遭到侵蚀破坏，并影响海岸带生物生态系统等。在我国，渤海和黄海滨海平原地区监测到的海水入侵问题比较严重，离岸入侵距离一般达到 10~30km，如辽宁盘锦的最大海水入侵距离近 18km，河北唐山最大海水重度入侵距离约 13.5km，山东潍坊的海水入侵距离超过 21.6km 等。沿海部分地区的海水入侵速度逐年递增，入侵面积扩大，造成当地的水环境和土地环境形势严峻。

不断上升的海平面以及海岸侵蚀等海洋灾害性问题将影响到海岸工程设施和滨海旅游等的安全，并影响海岸带资源的开发，随着人类在近海海岸的活动增加，加剧了海岸的侵蚀后退，对海岸资源和海岸带生态环境都带来影响。

海平面上升对人类的生存和经济发展是一种缓发性的自然灾害。也正因为它是缓发性的，因而往往不被人们重视，以为每年几毫米的上升还构不成危险。其实，这种灾害是累积和渐进的。海平面上升的变化关系到地球环境和人类活动，深刻影响到沿海地区的社会经济和生命安全财产安全，关系到人类社会的可持续发展，需要加以重视和全面监测，加强对海平面上升风险的评估，划分风险等级，并研究相应对策，通过加高加固海堤、限制地下水开采等措施，以缓解海平面上升导致的一系列问题和减少损失。海平面上升是个全球性的问题，国际社会对此也很关注，2012 年 5 月正式发布了《全球海平面观测系统实施计划-2012》，旨在加强验潮站数据采集和准实时数据上传等，科学应对海平面上升与气候变化等问题。

7.4 海 洋 环 境 保 护

海洋对人类的生存与发展意义重大，近年来习近平总书记反复强调要不断推进海洋生态文明建设工作，不断提升海洋生态环境保护力度，确保海洋生物多样性，对海洋资源予以科学高效的开发利用。海洋生态环境保护属于长期性、系统性的工程，开展好海洋生态环境保护工作是国家与民族不断向前发展的客观需要，旨在不断提升海洋生态环境治理能力，实现"绿色发展"。

研究表明，海洋环境是强度有限的生态系统，面对日益严重的海洋污染，必须重视海洋环境的保护，加强对海洋环境监测，尤其是对赤潮的研究、监控和预报，从治理各种污染源入手，严格控制陆源污染物排放入海和加强海上污染源管理，对所有污染物排放过程进行统一监管，对污染防治区域及其生态系统的保护修复建立陆海统筹的联合联动机制，建立和完善海洋生态环境监测系统与海洋环境质量评价体系，对海洋环境污染进行综合治理和预防，维持海洋生态系统的良性循环，研究海洋功能区划加强海域使用管理和行政执法加强海洋资源开发利用的宏观调控和综合管理，实现人类社会的可持续发展。同时对海洋工程项目建设要加强管理，控制和减少污染物损害海洋环境事件的发生，保护海洋环境和海洋资源。

对于围填海、人工岛、海洋矿产资源勘探开发、海洋能源开发利用工程、海水综合利用工程等容易造成污染与损害海洋环境的各类海洋工程建设活动，国家颁布了《防治海洋工程建设项目污染损害海洋环境管理条例》，并于 2006 年 11 月 1 日起正式实施。要求各项海洋工程建设项目在建设前必须进行环境影响评价，对围填海工程必须举行听证会等，以利于防治和减轻海洋工程建设对海洋环境的污染损害，维护海洋生态平衡，保护海洋资源。对大规模围填海及海洋工程等造成的海岸带损害需要进行整治和修复，提出生态保护措施，采用生态修复技术，建立海洋生态补偿和损害赔偿制度，增强海岸抵抗灾害的能力，保护沿海地区人民的生命和财产安全，保护海洋生态系统，实现人类社会的可持续发展。

7.4.1　海洋环境保护的基本原则

7.4.1.1　持续发展原则

1987 年，世界环境和发展委员会正式提出"可持续发展"（sustainable development）的论点，强调保护环境与发展经济之间的相互协调。在联合国有关文件中对持续发展作了以下概括：持续发展是既满足当代人的需要，又不对后代人满足其需要的能力构成危害的发展。持续发展的观点是人类环境思想的一大跃升，它使人们从狭隘的环境思维中解放出来，把环境同资源和社会经济发展放在一个大系统中加以讨论；把人类现阶段的发展同未来的持续发展联系起来考虑；把一个国家、一个地区同全球、同国际社会的发展持续性结合起来研究，这就是现代环境保护的新思维。这种思维下的环境问题具有一定的整体性，甚至是全球性的。世界环境与发展委员会应在各国之间通力合作，超越主权的障碍，采取一切国际手段，在共同对付全球威胁的具体途径方面提出建议，以对付这个根本的问题。目前的历史节奏同人类的愿望是相悖的，甚至同人类自身的生存机会也是相悖的。我们面临的挑战是：超越本国的自身利益，以获得更高一层的自身利益。在全球环境上，立足于大环境的统一性、相互依存、彼此关联的客观规律，强调世界环境问题需要超越国家范围，共同行动、寻求解决。《关于环境与发展的里约热内卢宣言》中第 7 条原则为：各国应本着全球伙伴精神为保存、保护和恢复地球生态系统的健康和完整进行合作。鉴于导致全球环境退化的各种因素不同，各国负有共同的但是又有差别的责任。发达国家承认鉴于它们的社会给全球环境带来的压力，以及它们所掌握的技术和财力资源，它们在追求可持续发展国际努力中负有责任。该原则并非凭空产生，在此之前，国际社会进行了长期而艰巨的探索。仔细研究国际环境领域的法律文件就可以发现，共同但有区别的责任原则经历了从强调共同责任到在强调共同责任的前提下，进一步区分差别责任。海洋作为全球生命支持系统的一个基本组成部分，则是人类社会实现可持续发展的宝贵财富。

海洋环境的自然特点，使其与陆地环境相比具有更强的全球统一性，所有海洋是一个基本的统一体，没有任何例外。沿海国家直接或间接施加海洋的影响及其造成的危害，绝非局限在一个海区之内，往往有着大范围的区域性，甚至全球性。原因在于：首先，海水介质不同尺度的流动,既有全球性大尺度环流系统,也有洋区和海区等较小尺度的流系,它们是物质的输送与交换者,使人类对局部海域的影响结果扩展到更大的范围。据观测资料,南美的亚马孙河可以将其挟带的沉积物和污染物质,一直冲到离岸 2000km 以外的洋区。海水介质的流动性使全球海洋有了共同的命运。其次,海洋中的相当多的生物种群具有迁移和洄游的性质,其中有的范围小,有的范围大。海洋生物这一特性,决定了人类对海洋生物资源的影响不可能不具广延性。正是由于海水的流动性和海洋生态系的整体性,海洋环境保护需要贯彻持续发展原则,突出环境问题的解决,应以持续发展的需求和环境与资源的持久支持力为目标,根据国家地区和国际的政治、经济的客观情况,以海洋环境不同的区域范围确定对策和管理方式,达到海洋环境与资源保护的目的。海洋环境保护贯彻持续发展的思想,保护的目标、任务、手段就会具有整体性、系统性;保护的体制和运行机制就会具有稳定性、科学性。

7.4.1.2 预防为主、防治结合、综合治理原则

该原则意指,把海洋环境保护的重点放在防患于未然上。通过一切措施办法,预防海洋的污染和其他损害事件的发生,防止环境质量的下降和生态与自然平衡的破坏,或者基于能力(包括经济的技术的)的限制,不可避免的环境冲击,也要控制在维持海洋环境的基本正常的范围内,特别是维持人体健康容许的限度内。但是,我们今天面临的近、中海的自然环境,已没有多少属于原始自然的区域了,大都受到了人类开发利用的影响,有的平衡已被打破,有的已酿成持续性的灾害,现在不可能从头做起,觉醒之后也只能以更大的投入进行治理,亡羊补牢,积极整治恢复犹未为晚,在预防环境进一步恶化的同时,有计划地采取综合性措施,使海洋环境在新的条件下形成新的生态平衡。预防为主、防治结合的环境工作思想,是人类海洋环境利用的实践经验总结。

海洋环境污染和破坏,其结果的形成,原因是多方面的,有直接原因,有间接原因,还有的原因至今尚不清楚,如全球海平面变化、海洋赤潮等。但不论原因清楚与否,有一点是无疑的,环境污染与破坏都是综合因素造成的。原因的多样性决定了整治的综合性。首先,表现在海洋环境恶化的遏制上,杜绝或减轻环境的继续破坏,针对性的措施是切断污染源和危害环境的各种直接或间接的力量与过程,这是治本的防治办法。其次,表现在整治已破坏或受到污染的海洋环境上,海洋环境即使是很小的海域,其组成要素也是极为复杂的,既包括地形地貌沉积物,也包括海水介质、生态系统等。在区域受到损害的情况下,不可能是其中的某一个要素,如当水质受到污染后,污染物必然要传递给沉积物和生物体;如当海岸地貌形态发生变化时,也要改变海底沉积物动态、地形和生态系统的结构等。由于这种内在的特点,要求海洋环境的治理不能只采取单一的措施,而应该实行综合治理。再者,治理技术和行政办法也必须是综合的。在技术上,可以运用工程的方法,修筑海堤、补充沙源以防止海岸侵蚀;应用生物工程,恢复、改善生态系统,提高海域生物生产力;利用回灌技术,制止沿海低平原人为原因的地面下沉,防止海水入浸。在行政上,使用相应的手段控制环境非正常事件的发生等。无论从哪一方面考虑,海洋环境的治理都是一项综合性很强的工作。

7.4.1.3 谁开发谁保护、谁污染谁负担原则

海洋开发与保护是一对矛盾统一体。不论是海洋资源的开发,还是环境的利用,都要

构成对海洋环境的干扰与破坏，甚至打破自然系统的平衡。因此，在开发利用海洋的同时必须对海洋环境保护做出安排。谁开发谁保护原则是指开发海洋的一切单位与个人，既拥有开发利用海洋资源与环境的权利，也有保护海洋资源与环境的义务和责任。

谁污染谁负担原则是我国环境保护实践经验的总结。实践证明是行之有效的。执行这一原则能够加强开发利用海洋的单位和个人的行为责任，能够唤起开发利用者自觉或强制性的保护海洋环境与资源的意识。有了治理恢复的责任，情况就大不一样。如前所述，污染的治理是一项投资大、技术难度高的工作，一切因开发造成海洋环境污染损害，开发者将要受到较大的经费损失，多数还要承担法律的责任。这是所有开发者都不愿发生的问题，他们一定会在开发作业中，给予高度重视，避免污染或环境危害事故的发生。该原则在国外环境保护中，也被广泛应用，早在 1972 年，由西方 24 个国家组成的"经济合作与发展组织"为改善资源分配和防止国际贸易及投资发生偏差，确定污染者担负费用的范围，应包括防治污染的费用、恢复环境和损害赔偿费用，被称为污染负担原则。这条原则，后来在国际上得到承认，并适用于污染环境的处理上。

7.4.1.4　环境有偿使用原则

环境是一类资源，对其开发利用不应该是无偿的，特别是有损害的环境利用，更应该是有代价的。在我国环境保护法律法规中，也包括这方面的规定，例如《中华人民共和国水污染防治法》第 15 条规定："企业事业单位向水体排放污染物的，按照国家规定缴纳排污费；超过国家或者地方规定的污染物排放标准的，按照国家规定缴纳超标准排污费。"虽然该法的适用范围仅为陆地水域，但所规定的向水域排放污染物要缴纳费用，本质上属于利用环境的有偿性。

海洋环境的利用变无偿为有偿，其积极的意义在于：

（1）有偿使用海洋空间环境是强化海洋环境保护的重要途径，也是海洋环保在国际上的通例措施。在《关于环境与发展的里约热内卢宣言》中，就有这方面的原则要求，其第 16 条提出原则："考虑到污染者原则上应承担污染费用的观点，国家当局应该努力促进内部负担污染费用，并且适当地照顾公众利益，而不歪曲国际贸易和投资。"国际组织要大力推进有关法律制度的建立。

（2）有利于海洋环境无害或最大减少损害的使用，维护海洋生态健康和自然景观。如果海洋环境继续无代价利用，没有反映在经济利益上的约束机制，客观上便失去了保护海洋环境的物质动力，海洋开发利用者很难做到持续不懈地、自觉地保护海洋环境。如果能转为有偿、危害罚款并治理恢复，这样一切开发利用的企事业单位或个人，他们即便完全为了自己的利益，也要努力减少危害海洋环境的支出，从而在客观上达到海洋环境保护的目的。

（3）积累海洋环境保护的资金。保护海洋环境是为了更好地利用和发挥海洋对人类的价值，并不是完全限制有益的利用。利用海洋环境是必须的，也是完全应当的。因此，海洋环境的损害，甚至破坏，从大范围来看是不可避免的，由此产生的结果是海洋环境治理工作是一项长期的任务。治理资金需要较多，广泛筹备是必要的，但是海洋环境保护内部积累一部分也是重要的来源。执行环境有偿使用，将所收经费用在国家管辖海域的环境伤害的治理上不仅有利于环境维护而且有利于活化海洋环境保护。

7.4.1.5 全过程控制原则

海洋环境是一个复杂的系统，海洋环境保护也因此是一个负责的系统过程。既包括生活劳动过程和生产活动过程的控制，又包括海洋污染过程和陆地污染过程的控制；既包括工程前、工程中和工程后的控制，又包括工艺技术方法、计量等方面的控制。

7.4.2 海洋环境保护法规

第二次世界大战以后，随着生产力的迅速发展和海洋事业的兴起，人类开发、利用和消耗海洋环境资源的规模越来越大，海洋环境污染和资源危机日益严重并日益区域化和全球化，人们开始关注海洋环境保护和海洋管理。1954 年，由多个国家组织的代表参加的防止海洋污染的专门外交会议终于在伦敦召开了，由于与会代表的一致努力，会议终于取得了丰硕的成果，制定并通过了《1954 年国际防止油类污染海洋公约》（以下简称《1954年油污公约》）。《1954 年油污公约》的诞生，标志着国际社会在海洋环境保护事业方面的国际立法和国际合作迈出了艰难、可喜、具有决定性意义的第一步。

海洋环境保护是全国环境保护工作的一部分，是针对我国内水、领海毗连区专属经济区、大陆架以及我国管辖的其他海域的环境保护工作。

2013 年 12 月全国人民代表大会常务委员会修订通过的《中华人民共和国海洋环境保护法》（以下简称《海洋环境保护法》）规定国务院环境保护行政主管部门作为对全国环境保护工作统一监督管理的部门，对全国海洋环境保护工作实施指导、协调和监督，并负责全国防治陆源污染物和海岸工程建设项目对海洋污染损害的环境保护工作。国家海洋行政主管部门负责海洋环境的监督管理，组织海洋环境的调查、监测、监视、评价和科学研究，负责全国防治海洋工程建设项目和海洋倾倒废弃物对海洋污染损害的环境保护工作。

国家建立并实施重点海域排污总量控制制度，确定主要污染物排海总量控制指标，并对主要污染源分配排放控制数量，具体办法由国务院制定。一切单位和个人都有保护海洋环境的义务，并有权对污染损害海洋环境的单位和个人，以及海洋环境监督管理人员的违法失职行为进行监督和检举。《海洋环境保护法》还对海洋环境监督管理、海洋生态保护、防治陆源污染物对海洋环境的污染损害、防治海岸工程建设项目对海洋环境的污染损害、防治海洋工程建设项目对海洋环境的污染损害、防治倾倒废弃物对海洋环境的污染损害、防治船舶及有关作业活动对海洋环境的污染损害以及法律责任等方面作出规定。

海洋环境保护的内容繁多，根据《海洋环境保护法》的内容，可以把海洋环境保护分为防治陆源污染物对海洋环境的污染损害、防治海岸工程建设项目对海洋环境的污染损害、防治海洋工程建设项目对海洋环境的污染损害、防治倾倒废弃物对海洋环境的污染损害、防治船舶及有关作业活动对海洋环境的污染损害五个方面。下面就这五个方面相对应的环境保护法律法规和相应措施进行介绍。

1. 防治陆源污染物对海洋环境的污染损害

根据《海洋环境保护法》中对陆源的定义，陆源污染是指从陆地向海域排放污染物，造成或者可能造成海洋环境污染损害的场所、设施等。陆源污染是造成海洋环境污染损害的主要污染源，80％以上的海洋污染物来自陆源排放。为防治陆源污染物污染损害海洋环境，我国加强了防治陆源污染的立法工作。《海洋环境保护法》规定了适用防治陆源污染的基本原则和制度。《海洋环境保护法》第四章对陆源污染物向海洋的排放做了原则性的规定，包括入海排污口位置的选择，医疗污水、生活污水和工业废水的排放，固体废物的排放等。除此之外，还制定了如《中华人民共和国防治陆源污染物污染损害海洋环境管理条例》《污水综合排放标准》等单项条例及其相配套的规章和标准。对防治陆源污染物对海洋环境的污染损害的，可以重点从以下几个方面做起：

（1）禁止某些陆源污染物的排放。这些物质包括油类、酸液、碱液、剧毒废液和高中水平放射性废水。

（2）限制某些陆源污染物排放。这些物质包括低水平放射性废水、含病原体的医疗污水生活污水和工业废水、含热废水和含农药的污水，若要排放，必须经过处理或采取防护措施，符合国家有关排放标准后，方能排入海域。

（3）保护好入海河流的水质。省（自治区、直辖市）人民政府环境保护行政主管部门和水行政主管部门应当按照水污染防治有关法律的规定，加强入海河流管理，防治污染，使入海河口的水质处于良好状态。

（4）防止富营养化。富营养化的水质容易产生"赤潮"，对渔业生产损害极大。因此，对含有机物和营养物质的工业废水、生活污水，应当严格控制向海湾、半封闭海及其他自净能力较差的海域排放。

2. 防治海岸工程建设项目对海洋环境的污染损害

根据《中华人民共和国防治海岸工程建设项目污染损害海洋环境管理条例》2018 年的修订版中对海岸工程建设项目的解释，海岸工程建设项目是指位于海岸或者与海岸连接，工程主体位于海岸线向陆一侧，对海洋环境产生影响的新建、改建、扩建工程项目。具体包括：①港口、码头、航道、滨海机场工程项目；②造船厂、修船厂；③滨海火电站、核电站、风电站；④滨海物资存储设施工程项目；⑤滨海矿山、化工、轻工、冶金等工业工程项目；⑥固体废弃物、污水等污染物处理处置排海工程项目；⑦滨海大型养殖场；⑧海岸防护工程、砂石场和入海河口处的水利设施；⑨滨海石油勘探开发工程项目；⑩国务院环境保护主管部门会同国家海洋主管部门规定的其他海岸工程项目。

为防治海岸工程建设项目污染损害海洋环境，《中华人民共和国环境保护法》《中华人民共和国环境影响评价法》和《建设项目环境保护管理条例》规定了防治工程建设项目污染损害环境的基本管理原则和制度。《海洋环境保护法》将防治海岸工程建设项目对海洋环境的污染损害列为一章，分别对海岸工程建设项目的环境保护设施的要求、建设项目针对海洋环境的可行性研究、禁止在沿海陆域内建设的项目、野生动植物及其生存环境和海洋水产资源保护措施等进行了明确的规定，另外，还制定了《中华人民共和国防治海岸工程建设项目污染损害海洋环境管理条例》。

结合《海洋环境保护法》中对防治海岸工程建设项目污染损害海洋环境具体要求，为了防治海岸工程建设项目污染损害海洋环境，需要做好以下几点：

（1）在进行海岸工程建设项目的可行性研究阶段，包括建造港口和码头，开发滩涂、围海造田，以及采挖砂石，必须对海洋环境进行科学调查。根据自然条件和社会条件，合理选址，编报环境影响报告书，并采取防治污染和破坏海洋环境的措施等。

（2）必须采取有效措施，保护国家和地方重点保护的野生动植物及其生存环境和海洋水产资源。

（3）在依法划定的海洋自然保护区、海滨风景名胜区、重要渔业水域及其他需要特别保护的区域，不得从事污染环境、破坏景观的海岸工程项目建设或者其他活动。

（4）严格控制围海造地等围海工程以及采挖砂石。

（5）禁止破坏生态环境，包括毁坏防护林、风景林自然保护区、红树林瑚礁等。

3. 防治海洋工程建设项目对海洋环境的污染损害

目前，海洋工程建设项目涉及的主要是海洋石油勘探开发工程。海洋油气勘探开发生产是一项包含地下、地面等多种工艺过程的系统性工程，主要包括地质调查、地球物理勘探、钻井作业、测井作业、井下作业、采油、油气输送等内容。在不同的作业过程中会产生不同的污染物，包括大气污染物、水污染物、固体废弃物、噪声、放射性污染物等。在海上石油生产中，存在着多种污染物，其中人们最为关注的是石油类污染对海洋环境的影响。

为了防治海洋工程污染损害海洋环境，《海洋环境保护法》将其列为专章进行了规定。《中华人民共和国环境保护法》《中华人民共和国环境影响评价法》和《建设项目环境保护管理条例》也适用于防治海洋工程污染损害海洋环境。此外，《中华人民共和国防治海洋工程建设项目污染损害海洋环境管理条例》《中华人民共和国矿产资源法》也包括适用于防治海洋工程污染损害海洋环境工作的规定。

《海洋环境保护法》中关于防治海洋工程建设项目对海洋环境的污染损害的规定如下：

（1）海洋工程建设项目必须符合海洋功能区划、海洋环境保护规划和国家有关环境保护标准，严格实施环境影响评价和"三同时"制度，即海洋工程建设项目的环境保护设施，必须与主体工程同时设计、同时施工、同时投产使用。

（2）海洋工程建设项目不得使用含超标准放射性物质或者易溶出有毒有害物质的材料需要爆破作业时，必须采取有效措施，保护海洋资源。

（3）海洋排污控制。海洋石油勘探开发及输油过程中，必须采取有效措施，避免溢油事故的发生。海洋石油钻井船、钻井平台和采油平台的含油污水和油性混合物，必须经过处理达标后排放。残油、废油必须予以回收，不得排放入海。经回收处理后排放的，其含油量不得超过国家规定的标准。钻井所使用的油基钻井液和其他有毒复合钻井液不得排放入海。水基钻井液和无毒复合钻井液及钻屑的排放，必须符合国家有关规定。海洋石油钻井船、钻井平台和采油平台及其有关海上设施，不得向海域处置含油的工业垃圾。处置其他工业垃圾，不得造成海洋环境污染。海上试油时，应当确保油气充分燃烧，油和油性混合物不得排放入海。勘探开发海洋石油，必须按有关规定编制溢油应急计划，报国家海洋行政主管部门审查批准。

4. 防治倾倒废弃物对海洋环境的污染损害

向海洋倾倒废弃物，是指利用船舶、航空器、平台及其他载运工具，向海洋处置废弃物和其他物质；向海洋弃置船舶、航空器、平台和其他海上人工构造物等。针对防治倾倒废弃物对海洋环境的污染损害，相应的法律法规除了《中华人民共和国环境保护法》和《海洋环境保护法》外，我国还制定了防止倾倒废弃物污染的行政法规和规章，如《中华人民共和国海洋倾废管理条例》《中华人民共和国海洋倾废管理条例实施办法》《海洋倾倒区选划和监测指南》等。

海洋倾倒废弃物极易造成海洋环境污染，为此我国法律规定实行海洋倾倒废弃物的许可证制度。需要倾倒废弃物的单位，必须向国家海洋行政主管部门提出书面申请，经国家海洋行政主管部门审查批准，发给许可证后，方可倾倒。获准倾倒废弃物的单位，必须按照许可证注明的期限及条件，到指定的区域进行倾倒，并详细记录倾倒的情况并在倾倒后向批准部门做出书面报告。任何单位未经国家海洋行政主管部门批准，不得向中华人民共和国管辖海域倾倒任何废弃物。

5. 防治船舶及有关作业活动对海洋环境的污染损害

航行于海上或停靠港口的各种船舶，经常产生油类、油类混合物和其他有毒有害物质，如不实行严格控制，会对海洋造成污染损害。针对防治船舶及有关作业活动对海洋环境的污染损害，相应的法律法规除了《中华人民共和国环境保护法》和《海洋环境保护法》外，我国还制定了防治船舶及有关作业活动对海洋环境的污染损害的行政法规和规章，如《防治船舶污染海洋环境保护管理条例》《渤海海域船舶排污设备铅封程序规定》《船舶污染物排放标准》等。

《海洋环境保护法》中关于防治船舶及有关作业活动对海洋环境的污染损害的规定如下：

（1）防污设备配备制度。船舶必须配置相应的防污设备和器材。港口码头、装卸站和船舶修造厂必须按照有关规定备有足够的用于处理船舶污染物、废弃物的接收设施，并使该设施处于良好状态。

（2）事先申报批准制度。载运具有污染危害性货物进出港口的船舶，其承运人、货物所有人或者代理人，必须事先向海事行政主管部门申报。经批准后，方可进出港口、过境停留或者装卸作业。

（3）船舶重大污染损害事故处置制度。船舶发生海难事故造成或者可能造成海洋环境重大污染损害的，国家海事行政主管部门有权强制采取避免或者减少污染损害的措施。

（4）履行监视海上污染的义务。所有船舶均有监视海上污染的义务，在发现海上污染事故或者违反法律规定的行为时，必须立即向就近的依照法律规定行使海洋环境监督管理权的部门报告。

（5）船舶油类作业安全制度。船舶应当遵守海上交通安全法律法规的规定，防止因碰撞触礁、搁浅、火灾或者爆炸等引起的海难事故，造成海洋环境的污染。装卸油类及有毒有害货物的作业，船岸双方必须遵守安全防污操作规程。

习　题

1. 海洋环境保护的含义是什么？
2. 海洋环境保护遵循的基本原则包含哪些内容？
3. 分析海平面上升的危害有哪些？
4. 简述海洋污损生物分类。
5. 《海洋环境保护法》中关于防治海岸工程建设项目对海洋环境的污染损害的规定有哪些？

6.《海洋环境保护法》中关于防治船舶及有关作业活动对海洋环境的污染损害的规定有哪些？

7.《海洋环境保护法》中对防治海岸工程建设项目污染损害海洋环境需要做好哪几点？

参 考 文 献

［1］ 孙湘平. 中国近海区域海洋［M］. 北京：海洋出版社，2006.

［2］ 曾一非. 海洋工程环境［M］. 上海：上海交通大学出版社，2007.

［3］ 许肖梅. 海洋技术概论［M］. 北京：科学出版社，2000.

［4］ 吕华庆. 物理海洋学基础［M］. 北京：海洋出版社，2012.

［5］ 朱庆林，等. 海洋环境保护［M］. 青岛：中国海洋大学出版社，2011.

［6］ 陈建民，等. 海洋工程环境［M］. 北京：石油工业出版社，2016.

［7］ 唐逸民. 海洋学［M］. 北京：中国农业出版社，2003.

［8］ 董胜. 海洋工程环境概论［M］. 青岛：中国海洋大学出版社，2006.

［9］ 伺茂崇. 物理海洋学［M］. 济南：山东教育出版社，2004.

［10］ 陈铁云，等. 海洋工程结构力学［M］. 大连：大连理工大学出版社，1991.

［11］ 陈宗镛，等. 海洋科学概论［M］. 青岛：青岛海洋大学出版社，1992.

［12］ 冯士筰，等. 海洋科学导论［M］. 北京：高等教育出版社，2000.

［13］ 李玉成，滕斌. 波浪对海上建筑物的作用［M］. 2版. 北京：海洋出版社，2002.

［14］ 邱大洪. 波浪理论及其工程应用［M］. 北京：高等教育出版社，1985.

［15］ 陈宗镛，甘子钧，金庆祥. 海洋潮汐［M］. 北京：海洋出版社，1979.

［16］ 陈泓哲，庞金玲，郭辉革，等. 海洋中塑料污染物的迁移、归趋及其监测［J］. 应用海洋学学报，2023，42（2）：346－357.

［17］ TALLEY L D，PICKARD G L，EMERY W J，et al. 物理海洋学［M］. 张恒，译. 广州：中山大学出版社，2019.

［18］ 崔野. 全球海洋塑料垃圾治理的新近态势、现实挑战与中国应对［J］. 太平洋学报，2023，31（3）：81－93.

［19］ GALL S C，THOMPSON R C. The impact of debris on marine life［J］. Marine Pollution Bulletin 2015，92：170－179.

［20］ CHEN H Z，WANG S M，GUO H G，et al. Study of marine debris around a tourist city in East China：implication for waste management［J］. Science of the Total Environment，2019，676：278－289.

［21］ TEKMAN M B，KRUMPEN T，BERGMANN M. Marine litter on deep Arctic seafloor continues to increase and spreads to the North at the HAUSGARTEN observatory［J］. Deep Sea Research Part Ⅰ：Oceanographic Research Papers，2017，120：88－99.

［22］ JAMBECK J R，GEYER R，WILCOX C，et al. Plastic waste inputs from land into the ocean［J］. Science，2015，347（6223）：768－771.

［23］ MURPHY F，EWINS C，CARBONNIER F，et al. Wastewater treatment works（WwTW）as a source of microplastics in the aquatic environment［J］. Environmental Science and Technology，2016，50（11）：5800－5808.

［24］ LEBRETON L C M，VAN Der Zwet J，DAMSTEEG J W，et al. River plastic emissions to the world's oceans [J]. Nature Communications，2017，8：15611.

[25] BROWNE M A，CRUMP P，NIVEN S J，et al. Accumulation of microplastic on shorelines worldwide：sources and sinks [J]. Environmental Science and Technology，2011，45 (21)：9175 – 9179.

[26] PARGA Martínez K B，TEKMAN M B，BERGMANN M. Temporal trends in marine litter at three stations of the HAUSGARTEN observatory in the Arctic deep sea [J]. Frontiers in Marine Science，2020，7：321.

[27] BECKER J J，SANDWELL D T，SMITH W F，et al. Global bathymetry and elevation data at 30 arc seconds resolution：SRTM30_PLUS [J]. Marine Geodesy，2009，32：4，355 – 371.